谨以此书献给敢于走出国门的普通中国人！

印度尼西亚
Thailand 柬埔寨
Singapore 新加坡 文莱
马来西亚巴淡 雅加达 Malaysia
泰国 Philippines
吉隆坡 吴哥窟 越南
菲律宾 吴哥窟
Indonisa

299美金 东南亚

美金

飞遍亚

朱兆瑞◎著

中华书局

"299 美金飞遍东南亚" 全程机票明细

日期	航线	机票价格	折合美元
3 月 5 日	香港 ⟶ 马尼拉	250 HKD	32.02
3 月 7 日	马尼拉 ⟶ 雅加达	1999.00 PHP	48.70
3 月 9 日	雅加达 ⟶ 巴淡岛	169000.00 IDR	18.12
3 月 10 日	新加坡 ⟶ 西贡	59.99 SGD	42.13
3 月 12 日	西贡 ⟶ 河内	750000.00 VND	46.55
3 月 13 日	河内 ⟶ 曼谷	0.00 USD	0.00
3 月 14 日	曼谷 ⟶ 金边	299.00 THB	9.04
3 月 17 日	暹粒 ⟶ 吉隆坡	35.00 USD	35.00
3 月 17 日	吉隆坡 ⟶ 斯里巴加湾	89.99 MYR	27.77
3 月 19 日	美里 ⟶ 亚庇	9.99 MYR	3.09
3 月 22 日	亚庇 ⟶ 澳门	119.99 MYR	37.03

合计: 299.45 美元 (不含机场税、燃油附加费等其它费用)

目 录 CONTENTS

第二章　印度尼西亚

第五章　泰国

第六章　柬埔寨

前　言

　　自从 2005 年我的第二本书《3000 美金，我周游了世界之我如何获得 40 国签证》出版之后，我一直没有再推出新书。这倒并不是因为在这几年中，我停止了探索世界的脚步，而是由于全国高校巡讲及兆瑞环球网工作极其繁忙，在每次旅行回来之后，没有时间将其中的一些旅行经历整理成文字。

　　5 年前出版的《3000 美金，我周游了世界》一书，可以说改变了我整个人生的发展轨迹。5 年以来，尤其是下定决心创业以来的这一两年，让我经历和学习了很多，也懂得和成熟了许多。在今年年初的时候，正当我在为一家著名商学院的 EMBA 们筹划他们毕业典礼周游世界线路的时候，旅游卫视的刘润州先生找到我，希望我能挤出一些时间，为普通中国人走出国门策划出几条"性价比"高的线路。旅游卫视将全程跟踪拍摄，用实际的影像资料完整地向观众阐述如何"用头脑行走世界"。

　　我在 2007 年创建兆瑞环球网，就是希望以一个中国人走向海外洪流中小小导航员的身份，帮助更多的普通中国人实现周游世界梦想的目标。刘先生的提议，正好触动了我的心灵，与我的想法不谋而合。即使不能一下子周游世界，也可以先从相对简单的线路开始尝试嘛！于是在欣然答应刘先生的提议之后，我亲自设计并实践了大家现在所看到的这条线路——"299 美金飞遍东南亚"。

　　对于我们的近邻东南亚，大部分国人并不陌生。很多读者甚至与我一样，走出国门的第一步，就是从熟悉的新、马、泰开始的。由于地缘的关系，在历史发展的长河中，中国的一些文化、习俗早就融合到了一些东南亚国家百姓的日常生活中，所以当我们去东南亚国家旅行时，总会或多或少地感受到中华文明的影子。由于语言上沟通的便利和签证的简单（东南亚很多国家已经可以落地签证），以及费用的相对低廉，将东南亚作为走出国门自助旅行第一站，是再合适不过的选择了，尤其对于年轻的学子们来说更是如此。

从地理上看，东南亚一些国家位于中南半岛，以山地为主，而另外一些国家则是身处太平洋、印度洋的岛国，处于亚洲和大洋洲，印度洋和太平洋的"十字路口"上。在这片区域之内，各国的经济条件差别很大，同时这里又是一个多民族聚集的区域，每个国家的政治、经济、宗教信仰也不尽相同。考虑到上述因素和旅行的安全性、时间性、流畅性，在设计本次行程时，几经权衡和取舍，敲定了最终前往的8个国家，即菲律宾、印度尼西亚、新加坡、越南、泰国、柬埔寨、文莱和马来西亚，而放弃了缅甸、老挝和东帝汶这三个国家。出发点选择了香港，而终点则是澳门。整个行程共飞行11架次，所有的机票加在一起正好是299美金（不含机场税和燃油附加费）。

2008年的3月，作为"N99系列"的开篇，我与旅游卫视的优秀制片人王斌先生一起开始了本次旅程，藉此希望激发更多的普通中国人走出国门，勇敢地飞向世界，实现心中环球旅行的梦想。

第一章　香港、菲律宾

32美金，直飞菲律宾

我们选择首站从香港起飞，开始我们的"299美金"东南亚之旅，是深思熟虑的结果。可能是因为"菲佣"占领了香港大部分劳工市场和很多香港人喜欢去菲律宾海岛度假的原因吧，每天都有很多航班从香港飞往包括马尼拉、宿务在内的几个菲律宾主要城市。主要的传统航空公司除了香港国泰航空公司之外，菲律宾航空公司也有很多航班在飞。

由于是市场经济，机票的价格自然也是随行就市，从250美金到350美金之间，行程基本都在两个小时左右。预订这样的机票，按照我自己的经验，最好的方式就是直接到相关航空公司的网站上去预订，价格还是比较低廉的，时间合适的话也许还能找到一个让大家都跌破眼镜的价格。当然也可以直接电话给香港的旅行社进行货比三家，但前提条件咱们的电话可是免费的，否则几通国际电话下来，便宜机票没有找到，国际长途费可没少花银子，那就得不偿失了。这种事情我之前也干过，吃一堑长一智，呵呵，现在不干了。

乘坐传统航空公司的最大好处是飞机上提供免费饮料，还有头等舱可供选择，当然头等舱的价格大家也是可以想象的到的，像我这种人基本上目前就不考虑了。至于在飞机上能否喝到免费饮料，坦率地讲，我也不太关心，因为我的目的是乘坐飞机抵达目的地，不是来喝免费饮料的。所以在航班的选择上，我一定会把适当的价格和合适的时间放在第一位，而不是把能否喝到免费饮料作为第一考虑要素。按照这样的思路，我觉得有两个航班比较适合，一班起飞时间是晚上8点，另外一班是10点。再看，如果乘坐8点的飞机，差不多要6点多就要到机场，不仅没有机会享受香港的晚餐，而且抵达之后一番折腾下来，12点能吃上饭就是幸福。虽然我平常在公司上班时，差不多也这个时间吃饭，但现在出来了，体力是很重要的，否则没有精神那还怎么痛痛快快地玩啊。所以为了对得起胃，还不如晚走两个小时呢，地球人都知道香港可是个美食天堂啊，咱怎么也要对得起这个称号啊！更何况这两班飞机的票价是一样的，我们又不是开会赶时间，没有必要匆匆忙忙，这也许就是自助旅行的好处吧，随心所欲。既然如此，我们明智地选择了乘坐晚上10点的航班直飞马尼拉。

我们要好好查查

是真是假？

4

2008 年 3 月 5 日，我又一次站在了庄严巍峨的深圳罗湖口岸大楼之前。

现在的我对于这座大楼，已不陌生。甚至当我见到楼上所挂"深圳口岸"这几个字时，还不由自主地产生了一种亲切熟悉之情。去年 6 月，我也是从这里出关，经由香港国际机场，再次用 3000 美金（机票和青年旅馆住宿费用，不包括机场税，签证和吃饭等其它费用）旅行了包括英国、德国、摩洛哥、美国、墨西哥、新西兰和斐济等国家在内的世界 5 大洲。岁月如梭，光阴似箭，9 个月前的那段环球旅行经历好像就发生在昨天。

罗湖口岸有许多办理出关手续的窗口开放，在此出关的人群似乎永远川流不息。在长长的队伍中我排了半天，才前进了一小步。这也难怪，随着中国国民经济的发展和国民消费水平的升级，越来越多的国人选择出境旅行，2006 年出境人数差不多还在 3500 万，去年底就突破了 4100 万，而在最近 5 年内，出境旅行人数年平均增长率达到了22.7%，现如今，咱们中国都已经超越日本成为了亚洲第一大客源输出国了。面对如此高速度的市场增长，我对眼前的排队还有什么可抱怨的呢？想想也是，大家腰包里有钱了，谁不想出去看一看，品味一下

世界各地不同的风情呢!

　　漫长的排队等待之后,终于轮到俺了。站在边检的柜台前,乖乖地将手中的中华人民共和国护照递给了柜台里严肃无比的中年女边检官。对于边检,坦率地讲,我并不陌生,自己跑过了世界六七十个国家,和形形色色的出入境官员都打过交道,有态度冷淡的,也有非常热情礼貌的;有仔细盘问的,也有一句话都不问,大章一盖就此通过的。不管此时他们的态度如何,站在他们的角度想,我都能理解他们是在履行自己神圣的工作职责,也是工作流程。当然如果此时遇见一位热情礼貌的当然比遇见一位冷若冰霜的人,会让人心情愉快许多。在这种场合,俺只是个草根百姓,边检官问什么答什么,不需要多言,也不需要啰嗦,简单明了,不卑不亢,实事求是,咱能有啥问题?

　　规规矩矩地在柜台前站了半天,旁边的柜台都过去好几个人了,里面的女边检官也没搭理我。这下我可有点纳闷了,难道这新版护照有什么问题不成?我现在递上去的这本护照可是我去年刚在北京换发的新版护照,当时自己还特别心疼,谁让咱们国家特别懂得节约呢,护照页数少得可怜,去几个国家签证页就满了,不得已只好把我那本中国驻伦敦大使馆签发的盖满世界各国签证页的护照交了上去,剪角退回之后算是留作了纪念。我心里这么一纳闷,不由自主地伸着脖子踮着脚向柜台里望去,只见这位姐姐在一刻不停地翻着我护照上的签证页看,那个仔细劲啊真

叫认真。看着看着，忽然她把护照一合，站起身来，拿着我的护照，连正眼瞧都没瞧俺一眼，就把俺一个人丢在柜台前，扬长而去。

　　这下我可有点犯晕了，莫名其妙，俺去过了世界这么多国家，还是头一次遇到这种事情，再说这可是在咱们自己的土地上啊，也不涉及签证问题，为什么这么长时间都没有放行？正纳闷着呢，柜台里此时换进来了一位男同胞，本想他应该给我盖章了吧，没想到这哥们一挥手，竟然是让我靠边站，继续呆着。他这号令一出可不要紧，我脸上的温度噌地一下就上去了，比"热的快"可强多了，旁边一堆异样的眼神立刻也被吸引了过来，好像在看一个偷渡客。我心想俺可是个守法的良民啊，浪费了这么长时间不算，是福是祸总要给个说法吧，站在一边罚站算怎么回事啊！趁着脸热劲，我也鼓足勇气，一番交涉和投诉之后，一位领导模样的人终于出面了，将护照交还到了我手中。他的一句话，也冰释了我刚才所有的疑惑，"你护照上的有效签证怎么这么多？我们要好好查查是真是假！"

A43

不设找赎

上车入钱

PLEASE TENDER THE EXACT FARE. NO CHANGE WILL BE PROVIDED

请 在 此 上 车

素有"东方明珠"之称的香港对我来说并不陌生，从最初的"新马泰"之行到后来作为嘉宾，出席在香港举办的世界旅游博览会并发表演讲，都曾经让我踏上过这个充满奇迹和神话的城市。这里既有历史悠久的古迹，又有设施先进的世界级建筑；人们既可以沉浸在时尚摩登的物质享乐之中，又可以重温过去时代的纯朴生活方式，这些都凸现出香港的惊艳魅力。今天的香港早已发展成为一个举世闻名的国际化大都市，一个重要的国际金融商贸中心，其黄金股票外汇市场、转口贸易等已成为国际商业的重要组成部分。城市国民生产总值（购买力平价）和人均 GDP 在 2007 年分别为 2897 亿美元和 41614 美元，在全世界国家和地区中排名分列第 39 名和第 6 名。可以说香港除了拥有世界上最优良的深水港外，并没有其他天然资源，之所以能够创造出这些奇迹，关键在于香港人民的勤奋不懈且富有创新精神。同时也就不难理解为什么全世界约有 3900 家国际企业选择在香港设立亚洲区总部或办事处，134 个国家和地区给与持有香港特区护照的居民实行免签证的待遇了。

香港的入境检查非常的简单和快捷，由于我的护照上面有其他国家的有效签证，进香港的目的是为了从香港机场前往其他国家，因此不用再另外办理"港澳通行证"，拿着护照就可以进入香港，停留期与"港澳通行证"一样为7天。从国外飞到香港再回大陆，也同样可以不用再办任何手续，即可在香港停留7天，澳门也同香港。

从深圳去香港国际机场的交通很便利，高级大巴、小轿车、火车，甚至快船等多种交通工具可供选择。在综合比较了几种方法之后，最终我们选择了下面这条线路：从深圳罗湖过关之后，坐一站广九线火车到上水，票价20港币，车票可在自动售票机上用现金直接购买，也可以使用"八达通"（Octopus Card）购买。火车从罗湖开出，4分钟左右即可抵达。出上水火车站后，出门向左顺着马路走，走不多远就能看见A43路巴士的站牌。我们当天乘坐的巴士，司机开的很快，可能是不走香港市中心的缘故吧，路上也没有遇到恐怖的塞车，大约50分钟香港国际机场就出现在了我的眼前。坐A43的话，票价为28港币，一定要准备好零钱，否则那可要血本无归了。即使投了100元，呵呵，对不起，司机也不会找零，因为站牌上写着四个大字：概不找赎！

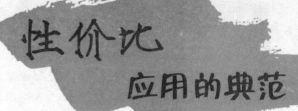

性价比
应用的典范

　　尽管数次从香港登机，前往世界各地，但当香港国际机场这座香港壮观的门户，也是世界上最大的空港之一再次映入我的眼帘时，还是如同第一次见到她一样，被其巨大、轻盈、飘逸的形象所吸引，惊叹这座世界机场的建筑奇迹。

　　香港国际机场作为香港唯一的机场于1998年7月6日投入营运，与英国剑桥旁边的伦敦斯坦斯特机场一样，都出自世界著名的建筑设计师诺曼·福士达爵士之手。机场延续和发展了这位主设计师"智能式"环保的设计主题，其首创的轻型屋面、解放设备空间、广泛应用自然光，使建筑中的流线与运动尽可能自由的设计　　理论，比在英国还淋漓尽致。

　　香港国际机场为了应付未来50年的发展需要，客运大楼的天花板是由139个组件组合而成，并非固定在一起，以备随时改组、扩建。
楼顶采用的是拱形设计，本身具有很好的隔热
效能，比我们日常所见的平顶设计自然节省了
许多能源。白天屋顶的天窗和反射器引入的
自然光，减少了人工照明，而自动人行道和
电动扶梯在非繁忙时间可自动停下来，更
是节省能源。其漫长的"Y"型大厅则连接了
机场的 38 个登机口，使大家在空港内任何一处
均可享受外部辽阔的景色：大地、海面、远处的道路、
桥梁和飞机起降尽收眼底。设计强调利用周围环境导向远
远超过空港建筑本身导向，这与我看到的许多世界上有些空港采用封
闭的"盒子"或通道的做法大相径庭，让我们在旅行的一开始就充满
了愉悦。而这样的设计理念绝对是"性价比"应用的典范，比这次我
们的飞行线路设计还要经典。

免费国际机票

　　如果使用香港机场飞往世界各地，除了正常交纳机票本身的费用之外，无论机票的价格是全价还是免费，还必须交纳 120 港币（人／次）的离境税和机场使用费以及燃油附加费等其他费用。打个比方，国内目前有很多家航空公司推出了里程换积分的活动，也就是说当飞行里程达到一定的标准之后，就可以按照航空公司的相关规定，兑换免费机票。虽然机票是免费的，但是在出票的时候，还要交纳 150 元的燃油附加费和 50 元的机场建设费。按照国际惯例，乘机人在购票时要一并付清这笔费用，否则航空公司拒绝出票。

　　国际机票除了机票本身的费用之外，还有一些费用是航空公司代政府或者相关机构收取的，乘机人必须交纳，航空公司没有任何权利可以进行减免。

　　国际机票的税大致分为离境税、过境税、入境税三种。个别国家还有其他名目的税。例如美国，除了有上述税以外，还有海关使用税、机场税、动植物免疫检查费等，具体的税项及金额各国并不相同。香港机场的离境税

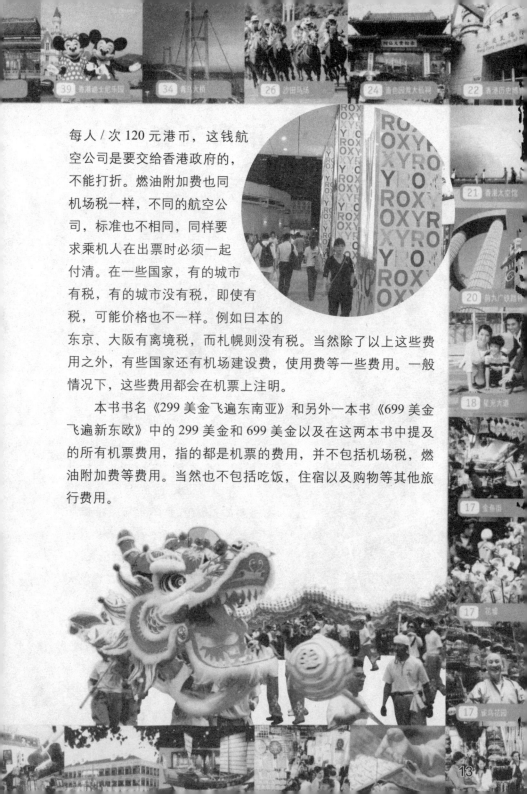

每人/次120元港币，这钱航空公司是要交给香港政府的，不能打折。燃油附加费也同机场税一样，不同的航空公司，标准也不相同，同样要求乘机人在出票时必须一起付清。在一些国家，有的城市有税，有的城市没有税，即使有税，可能价格也不一样。例如日本的东京、大阪有离境税，而札幌则没有税。当然除了以上这些费用之外，有些国家还有机场建设费，使用费等一些费用。一般情况下，这些费用都会在机票上注明。

本书书名《299美金飞遍东南亚》和另外一本书《699美金飞遍新东欧》中的299美金和699美金以及在这两本书中提及的所有机票费用，指的都是机票的费用，并不包括机场税，燃油附加费等费用。当然也不包括吃饭，住宿以及购物等其他旅行费用。

这样 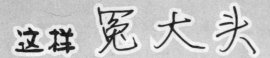 冤大头
 的事情不能做！

机场大厅里面密密麻麻布满了各航空公司的开放式柜台，送行的人也可以一并抵达柜台前，而不像我们随后抵达的菲律宾马尼拉机场和上次去的印度新德里机场，只有登机的人才允许进入机场大厅，送行的人只能远远地在机场大厅外目送。

香港国际机场的免税店与伦敦、巴黎、法兰克福、曼谷、迪拜、科威特城、新加坡、纽约、洛杉矶、悉尼以及奥克兰机场一样，绝对是一个购物的好地方，占地达51万平方米的5个购物中心，不仅免税店种类繁多，光餐厅就

有 20 多间，国际知名的顶级品牌和许多二线名牌几乎都可以在这里找到。在办完了登机前的各种手续，走向登机口的同时，两边的免税店可顺便光顾一下。这里与我们之后抵达的新加坡樟宜机场一样，都有一个购物价格最低的承诺，详情公布在其网站上。在旅行途中，我对一些富有当地民族特色的工艺品或者一些大品牌的小玩意很有兴趣，牌子不需要顶级，但绝对要有风格和品位，价格自然不能贵，也就是常说的"性价比"。

看了半天，总算没有白逛，发现了 Salvatore Ferragam（菲拉格慕）一条很经典、很有味道的丝巾，我知道这款牌子的鞋是最著名的，连著名影星陈好据说都是它的粉丝，100 港币的价格绝对是物有所值。在刷双币信用卡的时候，我发现柜台上有银联的标志，于是告诉对方，我刷的是"银联"而不是"VISA"。这样做的好处是国内银行进行结算的时候，会用人民币直接兑换港币，而不需要先将港币转换成美元，再将美元转换成人民币。两次兑换，汇率损失肯定不少，这样冤大头的事情不能做！

蜜月旅行者的浪漫天堂

拥有"西太平洋明珠"美誉的菲律宾共和国对我们大部分国人来说，可能比新、马、泰三国要稍微陌生一点，其实距离香港仅两个小时航程的菲律宾离我们并不遥远，落地之后连手表都不用调整，因为根本就没有时差。最近在电视上热播的"长滩岛"就属于菲律宾。这个群岛国家位于赤道北端、北隔巴士海峡与我国台湾省遥遥相望，南与马来西亚、印度尼西亚隔海相望，西濒南海，东临太平洋，共有大小岛屿7107个。这些岛屿分为北部的吕宋岛、中部的米沙鄢群岛、南部的棉兰老岛、西南部的巴拉望岛和苏禄群岛四大部分，南北纵列，构成了太平洋岛弧和火山地震带的一部分，像一颗颗闪烁的明珠，星罗棋布地镶嵌在西太平洋的万顷碧波之中。

　　菲律宾海岸线长达 18533 公里，旅游和植物资源十分丰富，既有椰林海滩，又有热带丛林；既有马尼拉、宿务等繁华城市，也有沙滩与珊瑚礁环绕的孤立小岛。海水云天，湖光山色，风景十分绮丽。苏比克湾、大堡、宿务、巴拉望、长滩岛等都是著名的旅游景点。如果时间允许，我们还可效法当地人，在大自然中随意躺下，感受菲律宾的梯田、甘蔗园、丛林、棕榄树等自然之美。由于地处亚热带，物产丰富，水果、海鲜四季不断，椰子生产和出口居世界第一位。由于历史原因，它融合了包括西班牙风格在内的许多东西方风俗，非常具有异国风情，是值得一去的地方。加上又是一个以英语为主要语言的国家（全世界第三多人口讲英语的国家），在交通住宿方面的条件也不错，特别适合自助旅行，尤其对于蜜月旅行者来说绝对是一个浪漫的天堂，其丰富的海底生物和优良的水质更是吸引了全球的潜水爱好者。

可千万别忘了带一件
最重要的东西

BEEP!

对我们国人来说，想去菲律宾旅行，除了要找到非常低廉的机票之外，一个有效的个人旅游签证也是必备的。每一次在海外机场遇见香港同胞时，我都特别羡慕他们，人家把手中的护照一亮，根本就不需要任何签证，直接过关。咱们可好，不仅每次出国都要签证，而且在过移民检查时，不仅老外移民官看得认真，咱们自己人不也是看得特仔细嘛，一想这些心里就觉得心酸。

之前听说菲律宾已经开放了中国大陆公民个人旅游落地签证，也就是说可以直接在菲律宾的机场办理落地签证。打电话到菲使馆求证，说正在研究考虑，有此意向。闻听此言，想想为了本次行程的安全，还是去申请一下吧，反正也不麻烦。菲律宾大使馆距离北京建国门不远，旁边是越南大使馆签证处和新加坡大使馆签证处。使馆的签证处对大部分国人来讲，可能有几分陌生和神秘，其实，签证办多了就会发现，无论进哪一个国家使馆，程序都大同小异，没什么紧张和不安的。

申请菲律宾个人旅游签证，相对欧美国家的签证，材料要求很简单，当然再简单，也还是要签证，最好以后中菲两国能达

成免签。包括一本有效期在 6 个月以上的护照、2 寸白底彩色照片、单位开出的英文在职证明以及抵达和离开菲律宾机票的复印件和原件就是全部资料，并不需要提供诸如存款证明、房产证、户口本之类，3 个工作日之后就可以拿到了。如果没有在职证明，去银行开一张存款证明即可。关于银行存款证明，这里多说一句，要开不需要冻结的那种，这点开的时候一定要和银行说清楚。我觉得国内很多银行有时很搞笑，在英国开银行存款证明，一是英国哪一家分行都可以开；二是根本就不需要任何冻结；三是一文不花。在我们国内可好，银行不仅要收笔手续费，而且还动不动就冻结三个月，真是在"抢钱"，也难怪国内银行的股票都不便宜（最近在暴跌）。当然了在递交上述材料时，可千万别忘了带一件最重要的东西——250 元签证费！

本来还想在飞机上好好睡一会，结果还没有进入状态，就被冻醒了。看看王斌，这哥们和我一样，也被冻得够呛。抬头一看，这机舱内的冷气开的也真够足的，旁边再一瞧，呵，无怪乎菲律宾人占了香港女佣市场一大半以上，人家就是细心，外边都二三十度了，旁边的"菲妹妹"竟然能想起带着一条毛毯上飞机，这种职业素质不得不让人佩服！曾几何时，我还记得在网上看见过有男人这样总结自己的完美人生："拿美国的工资，住英国的房子，娶韩国的女人，雇菲律宾的女佣。"由此可见"菲佣"的品牌价值的确很高。据说在菲律宾，生了男孩没有什么值得庆祝的，相反若是生了女孩，那可要好好地庆祝一番。这也难怪，菲律宾不仅是世界上第二大劳务输出国，连总统都是女的。劳务出口不仅是国民经济的重要支撑，而且也是很多家庭的唯一经济来源，每年光是海外汇款就占了菲 GDP 的 10% 以上，有力支持了菲国内金融市场。海外劳工对菲经

这油钱还够空调费吗？

济发展的贡献举足轻重，政府也给予他们崇高的荣誉，将他们称为"现代英雄"。而在赴国外打工的人当中，年轻女性又占据了很大比例，再加上她们又有一些人嫁到了当地，自然是生女比生男好了，没准儿还能在海外攀上个富亲戚呢。

　　"菲佣"在全世界各地都很受欢迎，除了她们基本都可以用英语交流、劳力便宜、生活比较"西化"、受过良好的教育等优势之外，最重要的是她们工作时的敬业态度。无论做什么工作，她们都能认真对待，有非常良好的心态，并不觉得做点脏活累活就很没有面子，而是能从中发现分享乐趣并享受乐趣，这一点的确值得学习。当然，没有人愿意背井离乡仅为了去当一个佣人，归根结底还是一个"穷"字。

　　羡慕了别人半天，自己还是被冻得够呛，忽然我有点愤愤不平起来，这开飞机的人脑子肯定是坏掉了吧，他一定没来过咱们中国，否则的话，只要坐过几次国内航班，估计打死他也不会开这么大的空调！机票卖得比白菜还便宜，这油钱还能够空调费吗！不过想归想，坐归坐，在以后的每一航段上，我可都记着带件外衣上机，否则在飞机上要是被冻个好歹，那我还怎么飞遍东南亚啊！

21

CHATEAU
ELYSÉE

年轻漂亮的
未婚妈妈

不过醒了就醒了吧，飞机正好也降低高度准备降落了，趁此机会，还可以从空中俯瞰一下菲律宾首都大马尼拉市美丽的夜色。机翼下，被称之为"亚洲纽约"的大马尼拉市繁星点点，星光璀璨，异常壮观。说起马尼拉这个名字的来历还蛮有意思，400 多年前，西班牙殖民者在马尼拉湾登陆时，发现海滨长满绒毯一样松软的细叶短草，便随口起名"马尼拉"，意思是"长满尼拉草的地方"，一直沿用至今。这座西班牙统治长达 350 年，美国统治近 50 年，具有悠久历史的城市，有着复杂的血统。在印度文明、中国文明及中亚古文明的基础上，又融合了西班牙、美国的西方文明，在时间的酝酿下，这些国家的文化与特质，也纷纷化为马尼拉血肉的一部分，从而塑造了菲律宾人今日的模样，形成了独特的东西合璧文化，也使菲律宾成为了亚洲唯一的一个"天主教"

国家。后来我发现马尼拉街头有很
多年轻漂亮的未婚妈妈，因为
天主教是谴责堕胎的。

　　1976 年 11 月，菲律宾
政府决定把马尼拉、奎松、卡洛奥坎、帕萨伊 4
个市和包括我们这次预定的酒店所在地玛卡蒂区在
内的 13 个区合并，组成了今天人口接近 1000 万的大
都市。由于他们各自拥有丰厚的历史，当它们合而为一成为
大马尼拉市时，自然就充满了丰富而多元的历史。在这片上帝眷恋的土
地，被慷慨赐予了人们所想拥有的一切。不过坦率地讲，与美国的"大
苹果"相比，无论是城市建设还是整个生活水准，这里还是具有相当大
的差距，但由于具有浓郁的热带风情，倒是座名不虚传的东南亚旅游城
市，也许是因为与美国的密切关系，连亚洲开发银行都选择了这里作为
总部。

"大出血" 就 "大出血" 吧

走出机舱，潮湿闷热的空气夹杂着热浪向我迎面扑来，可能是没有准备的缘故吧，让我一下子感觉很不舒服，看来在东南亚国家旅行首先要适应的是这个区域的气候和味道。按照机场指示牌的引导，不远的地方就是菲律宾移民局的柜台了。标志也很清楚，持有菲律宾护照的人士站一队，其余人士站一队，可能是此时就这一架国际航班的原因吧，人不是很多，也很安静。

似乎全世界机场的入境手续都大同小异，拿着在飞机上由空中小姐发放的入境卡（上面无外乎就是一些诸如姓名，护照号码，酒店地址等相关信息）和自己的护照，在移民局柜台前排队办理即可。针对行前有朋友询问我持有中华人民共和国护照是否可以在菲律宾机场办理个人旅游落地签证的问题，我还特意向移民官提出了这个问题，结果几个移民局官员面面相觑，都说没有接到这方面通知，除非持有公务护照或者香港特区、澳门特区护照，否则都要事先在来菲律宾之前办理好签证。真郁闷啊！我手里的因私护照啊！

通过移民和海关检查，提取行李之后，接下来的工作就是兑换钱币。在海外旅行，换钱可是

24

个大学问，换不好，立刻就会让我们手中的货币缩水。根据我旅行过世界很多国家的经验，全世界机场兑换点给出的兑汇率几乎都不怎么样，有的还要收取手续费，换的越多当然也就亏得越大了，自然就没有必要兑换太多了，只换一点点足以应付打车，给小费就可以了，而且向对方多要些零钱，这样给小费打车也方便。其次是在商店和酒店兑换，兑换率也好不到哪里去，一般情况下，在市内货比三家银行后再兑换是不会吃亏的，而且在海外消费要尽可能地使用信用卡，这样做，一是为了安全省钱，二来省去了很多兑换的麻烦，三来还能得到银行给与的积分奖励，何乐而不为呢？

NINOY AQUINO INTERNATIONAL AIRPORT 机场比起国内的北京、上海机场可差远了，不仅规模很小，机场的设施也破旧，不像欧美的很多大型机场，机场本身就有一大堆兑换外币的银行，而这里我们出来时只有一家在营业。得！这种情况下，还选择什么啊，管他什么汇率都得认了，何况美元天天都在跌！不换？除非我们今晚想夜宿机场，不吃不喝。"大出血"就"大出血"吧。

哼，
谁都别想进去！

从机场到我
们预订的
位于 MANILA 区的
TAFT TOWER HOTEL(29TH
FLR TAFT TOWER,2339 TAFT
AVENUE,MALATE 1004 MANILA) 酒店，最
省钱抵达酒店的方式就是走到机场外面的
Jeepney 车站。Jeepney 这个词可是

个新名词，是菲律宾独有的交通工具，非常独特，关于它的情况我在后面再详细介绍。从机场到马尼拉轻轨始发站 Baclaran 的车票只需要7.5P(菲律宾比索：与美金兑换大约 1:40)，之后再换乘轻轨前往酒店。不过，这个时候轻轨已经不营业了，毫无疑问，最具"性价比"的交通方式就是直接打车到酒店。当然在机场打车也有技巧，弄不好就只能"出血"了。

大部分乘客一般都会走到机场大门外的官方 TAXI 站排队等候，工作人员会在纸上写明收取 440P，这个价格可不便宜，和抢钱其实没两样，因为正常打表是不会超过 120P 的，并且这钱还包括小费。所以，要不想花这笔"冤大头"钱就不能走出机场大门。换好钱后，直接向右，有内侧手扶梯，选择上楼出发层去打出租车就 OK 了，那儿有很多出租车是来送客的，直接和司机进行"砍"价；或者说"Meter"，要求司机打表，下车时再付点小费即可。需要注意的是，可别走出机场大门，等到发现走错了，想回头都来不及了。因为菲律宾由于受到独特的政治环境影响，安全保卫措施非常严格，大门口有警察严格守卫，没有当日的起飞机票，哼，谁都别想进去！

酒店的"性价比"选择

　　　　海外旅行除了如何设计合理的飞行线

　　路，拿到低廉的机票和解决签证之外，住宿的选择

　　也很重要。在马尼拉的住宿安排上，我还是遵循了一贯的

"性价比"原则，并不是越便宜或者越省钱越好，而是在不降低品

质的情况下，合理地降低成本。马尼拉酒店的等级繁多，从五星级饭

店到青年旅馆以及家庭旅馆一应俱全，每一个人都能够依据自己的预

算找到合适的地方。五星级饭店每晚的住宿费用大约在 60－150 美元

之间，三星级则在 30－50 美元之间，而由个人经营的小规模家庭式旅

馆价格更便宜，如果不太在乎有无空调和是否能洗热水澡，花几美元

就可以找到相当便宜的房间。两个人的话，经济实惠的选择当然是双

人间了；如果是多人的话，马尼拉还有许多几室几厅的公寓可供出租，

里面附带厨房及厨具，可自行开伙，既可以长期居留，也可以只租一

天，根据设施和地理位置的不同，价位在几十美金之间，住一个星期

以上还可以有折扣。

　　在东南亚地区旅行，除了新加坡和文莱这两个国家以外，其余的国

家我想还是选择星级酒店或者可以自己做饭的公寓比较实惠，一是因为当地物价本身就不是很贵，很多地方比国内还便宜；二是这个区域的天气也比较炎热，如果住在不能洗热水澡或者没有空调的房间，对自己的体力也是一种挑战；三是在有些国家，青年旅馆的条件并不能和欧美国家的青年旅馆相比，价格却和星级酒店相差不多，"性价比"并不高；四是在有些国家，住宿的选择还要稍微考虑一下安全的因素，所以，我个人的建议是在预算可以接受的条件下，尽可能使自己住的地方相对安全舒服一点，这也算是对自己体力的一种节约吧。

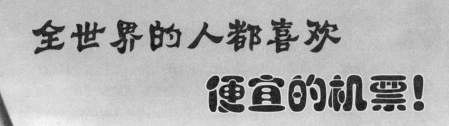

全世界的人都喜欢
便宜的机票！

30分钟不到，我们就抵达了精心挑选的 TAFT TOWER 酒店。这家网上标明是4星级的酒店，应该说与国内的四星还是有差距的，但这家酒店的"性价比"的确不错。酒店本身就坐落在马尼拉

的商业文化区，
与著名的有"日落
大道"之称的罗哈斯滨海大
道（ROXAS BOULEVARD）平行。旁边就是一所大学，距离著名的菲律宾文化中心（Cultural Center of the Philippines Complex）以及我们晚上要去的 SM MALL OF ASIA 很近，走路就可以抵达，交通位置简直太优越了！酒店的大堂和客房在29层，这个高度不仅可以屏蔽掉很多噪音，而且空气质量相对而言也比下边好了许多，更重要的是我们还可以走到其顶楼的31层平台，俯瞰马尼拉全城，视野非常开阔。房间也很温馨舒服，干净整洁，除了按照惯例没有提供拖鞋之外，其他的设施包括冰箱、空调、洗头液等软硬件一应俱全，其不到40美金的价格，更让我们觉得是超值享受。

如果光从旅游的角度来说，马尼拉基本没有太多的资源可看，停留一天就足够。菲律宾最大的卖点还是在长岛和宿务。实际上，很少有人会专门为到马尼拉途径菲律宾，大部分人都是将这里作为旅途中的一个中转站，而飞往其他旅行目的地。马尼拉其实是一个交通枢纽，从这里飞往菲律宾国内其他城市的机票有时候便宜的出奇，1块钱1张，看来全世界的人都喜欢便宜的机票啊！

小棍子拨弄了一下，就OK了

马尼拉市内的景点都相距不太远，市区的主要古迹黎萨公园、西班牙王城、圣地亚哥古堡等都集中在市中心 Intramuros 区，只花一天的时间便可游遍。毕竟是自助旅行，不用大清早就爬起来赶时间，舒舒服服地睡了一觉之后，将近中午时分我们才走出酒店的大门。从酒店到市中心乘坐轻轨是一种不错的选择，可以先从高空观赏一下这个城市的市容，从而对这座城市有一个大致的了解，我在世界很多地方，包括曼谷、温哥华等都采用过这种方法，非常不错，是个"性价比"很高的旅行方式。其实，旅行的本身就是和自然、社会亲密接触的过程，很多时候在这个城市游走，深入到当地普通人的生活当中本身就是一种旅行，无论是采用轻轨还是地铁或者打车。

从酒店出门的时候，千万别忘了向前台要一张写有酒店地址的名片和一份免费地图，这个规则全世界除了俺们中国之外都通用，连贫穷的埃及和柬埔寨酒店都提供免费地图。走出酒店大门 5 分钟之后，我们已经进了轻轨的车厢。4 站之后，就是目的地——CENTRAL STATION，如果再坐一

站，出站走不远就是华侨华人聚居的"中国城"了，当然票价也从 12P 变成了 15P。可能是由于安全的原因吧，进入轻轨候车站台之前，所有人都要通过安检，我们连随身的摄影包都被要求打开了，但安检员也仅是拿小棍子拨弄了一下，就 OK 了。之后我们在马尼拉的很多公众出没的地方都经历了安全检查，包括很多餐厅和酒店，看来菲律宾政府为此可付出了不少钱。

4个OK，6个不行

　　出站之后，往回走不多远，穿过 MANILA CITY HALL，就是 Intramuros，中文的意思大致是"城中之城"，是西班牙殖民时期的主城区。马尼拉著名的旅游景点西班牙旧城、黎萨公园、西班牙王城以及圣地亚哥古堡等都在这个区域内。很多建筑都经历了战争和岁月的沧桑，富有非常珍贵的历史和文化价值。

　　在我们游览了所有景点之后，口也觉得渴了，正想找水呢，正巧路边一个菲律宾美女在卖椰子。炎炎高温下，用这椰汁解渴那可是再好不过的事情，里面有丰富的蛋白质、果糖、葡萄糖和维生素 E、C 等营养，价值绝对比普通的饮料高多了，而且菲律宾的别称就是"椰子之国"，既然

来了菲律宾，怎么也要支持一下菲律宾的 GDP 增长呀。一问价格，才 6P 一个，合人民币不过才 1 块钱，太便宜了！当时我就一伸手，先来它 6 个再说！没想到，我这边把 6 个椰子挑出来，那边可好，美女想了半天又给拿回去 2 个。4 个 OK，6 个不行？这是怎么回事？我当时莫名其妙。一番沟通之后，终于明白了。原来这姐们今天早上啊出门走得太急，忘了带计算器，只知道 4 个卖多少钱，6 个啊，呵呵，对不起，算不明白，不卖了！

旅行即是生活，
　　生活也是旅行

从美国大使馆门前沿着"日落大道"继续南行，就是填海造地而成的一块面积为 0.7 平方公里的土地。菲律宾文化中心、民间艺术剧院、国际贸易展览中心和椰子宫等马科斯时代建造的现代化建筑，几乎都坐落在这块土地上，也是那个年代遗留给菲律宾人的一个"经济成果的体现"。在这条散发着菲律宾国花茉莉花馨香的大道上徜徉，尤其是靠近马尼拉湾的地方，非常富有热带情调。一边是鳞次栉比的高楼大厦掩映在一排排棕榈和椰林之间，另一边则是烟波浩淼，被染成

一片金黄色的大海。此时已经是黄昏时分，晚霞浸润，落日余晖和漫天的彩霞，将沿岸高大宏伟的建筑及海面的货轮镀上了一层淡淡红色，海风轻拂，斜阳夕照，与岸边摇曳生姿的椰子树，构成一幅诗情画意般的图画，令人流连忘返。这便是著名的"马尼拉湾落日"风情，非常浪漫，俪影双双自是到处都是，让我们羡慕不已。

坐在马尼拉湾的餐厅外，点了一杯菲律宾独有的 green mango juice（80P）。这是一种用未成熟的绿芒果榨汁加糖，加冰泥混合在一起的，味道酸酸甜甜，很清爽的饮料，绝对是人间美味，不可不喝（黄色芒果汁被称为 ripe mango juice，100P），在路边等很多地方有售。此时，一边拿着这杯 green mango juice，一边欣赏着眼前落日的美景，一边欣赏着菲律宾乐队的 Live Show，真是惬意极了。当我和一群天真浪漫的孩子们的合影被王斌按下快门的那一霎那，我忽然意识到：旅行即是生活，生活也是旅行。

"比萨" 直接送到座位上

在欣赏完马尼拉湾美丽的日落之后，我们来到了东南亚最大的连锁购物中心SM集团的旗舰店——SM MALL OF ASIA。据说这个庞然大物可是亚洲第一大全空调的星级酒店式购物中心，集购物、美食、娱乐、休闲为一体，拥有超过600家的商店，1个可容纳900人的歌剧院，1座630个席位的立体电影院，7个分别可容纳500人和1100人的普通电影院，以及菲律宾最大的溜冰场等。既有世界名牌，也有大众消费品牌。我在里面转了好几圈，才算大致搞清了方向，如果都想逛完，估计一天也不够。

说起MALL这个概念，在欧美等国已经流行了很久，亚洲东南

亚国家这几年开始流行起来，并且规模是越盖越大。别看菲律宾整个国家的GDP不是很高，可能是当地人天性乐观，也不知道攒钱的原因吧，消费热情可一点不低，MALL里面总是人山人海，熙熙攘攘，开业典礼次日面向大众开放时，竟然有50多万人涌入。这也难怪，菲律宾本身就处在亚热带，在炎炎烈日下逛街，估计没有多少人会有购物欲望，而在全空调的购物中心里面既可以躲避暑热，又可以享受"一站式"购物的乐趣，何乐而不为呢？从溜冰场到电影院，从书店到各色手工艺品，从各种餐厅到世界名牌，吃喝玩乐应有尽有，甚至连房地产公司的售楼处都搬到了这里，整个MALL就是一个独立王国。服务人员的素质非常高，美式英语说得让人怀疑他们是不是都在美国读过书，对顾客的尊重绝对会让我以为真是"上帝"。无论是从规模或者商品种类来讲，都丝毫不逊色香港这个购物天堂。

更有意思的是，如果在这个大MALL里面看电影的话，据说不仅自己可以带任意食品进去，而且在看电影的时候还可以打电话订PIZZA，片刻一个菲律宾帅哥就会将刚烤熟的"比萨"直接送到座位上，既满足了精神食粮，也没有亏待自己的肚子。在MALL里面如果买当地品牌的东西，比如光泽质地的手镯和菲律宾木雕、椰子油等，个人觉得价钱也很公道。特别是英国的"BODY SHOP"系列产品，在这里买比我在伦敦拿贵宾卡买都便宜，尤其这里还是LEE和LEVIS的原产地，价格大概会比国内专卖店中的价格便宜三分之一甚至一半，100多块人民币就能买回一条。连我这种不爱逛街的人，都有兴趣在里面呆一呆，更别说咱家将购物视作生命的美女了。

SM 商场模式的出现，给菲律宾零售业带来了一次跨时代的变革，最重要的是改变了菲律宾人的生活习惯，而这个集团的创始人就是晋江籍华商巨子施至诚先生。走在干净舒适的 MALL 里面，看到很多菲律宾家庭一起来这里购物，我始终在想一个问题，施先生从一贫如洗的孩子，到进入《福布斯》全球 500 名富豪之列，他成功的秘诀到底是什么？

　　从相关的报道中了解到施先生 12 岁随父母到菲律宾时，连一句当地的语言都不会讲，依靠晋江人骨子里的吃苦精神和拼劲，甚至每晚睡在柜台上，从经营很小的杂货店一点一滴做起。后来这个唯一的产业也在二战期间遭到毁灭性破坏。这之后，他没有被暂时的困难吓到，而是经过一段时间的思考之后，将眼光转向了人人不可或缺的鞋子，这也是他后来将他的公司命名为 SM 的原因（中文的意思就是"鞋庄"）。在艰苦的创业过程

"周游世界是对自己人生的一次投资"

中，他经常前往欧美各国及其它国家地区，每到一地、一个国家，他都会潜心学习和观察当地人如何经营鞋业，每个国家人们的穿鞋风格等等，正是这段青年时行走世界各国的经历，成为了他后来人生中最宝贵的财富，也为他后来的事业打下了坚实的基础。

"周游世界是对自己人生的一次投资"，这是我在《3000美金，我周游了世界》里面说过的话，"这种投资会随着岁月和时间的流逝，慢慢地显现出它的价值。"从施至诚先生的经历中我更坚信了自己的信心，无论前面有多少风雨，我都会和"兆瑞环球网"的所有同事，将帮助普通中国人实现周游世界的梦想为我们的目标坚定不移地做下去，让更多的国人在年轻的时候就能行走世界。

原来答案在这儿呢！

　　非常浪漫时尚的 GREENBELT SQUARE 坐落在 MAKATI CITY，距离其主要大道 EDSA 不远。这个地方类似于上海的"新天地"，很多国际大公司和高档酒店都坐落在其附近。在一个个造型优雅、树木错落的现代建筑群中，到处布满了供人喝咖啡和用餐的西式桌椅。享受生活的"小资"们从黄昏时分就陆陆续续地拥进了这里的咖啡屋，餐厅和露天酒吧，尤其是在晚上，很多店家架起了舞台，在柔和的灯光的配合下，本地天才歌手和乐队完美无瑕地演出更为就餐和饮酒增添了气氛。不同餐店的歌手演唱风格也不一样，客人完全可以根据自己的喜好进行选择，在美妙的音乐声和摇曳的烛光中，让自己与异国的浪漫融为一体。

　　晚上去 GREENBELT，我们乘坐菲律宾独有的交通工具——"吉普尼"(JEEPNEY) 前往。这"吉普尼"车也称"花车"，以其随叫随停、价格低廉的优势在马尼拉市民的生活中可谓举足轻重，算是马尼拉东西方文化的具

体体现。当地人最初将美国大兵撤离
时留下的大吉普换上日本的
引擎及马来西亚的橡胶轮
胎，再把白色铁皮的车壳
用五彩缤纷的当地颜料
一刷，车头插上奔驰、
宝马的标志就载着
全地球来的客人到处
跑了。每个"吉普尼"
司机都会把自己的车打
扮得花技招展，在车壳上贴满
煽情的图案和文字，成为马尼拉一道
独特的风景线。我们在马尼拉没有看
见一辆车的图案是相同的，但是却看到了车头上
有装饰两匹马的车，据说这表示该司机有两个老婆；当然，如果车头上装饰
有只鸟，那可惨了，这说明这个司机的老婆和别人跑掉了！

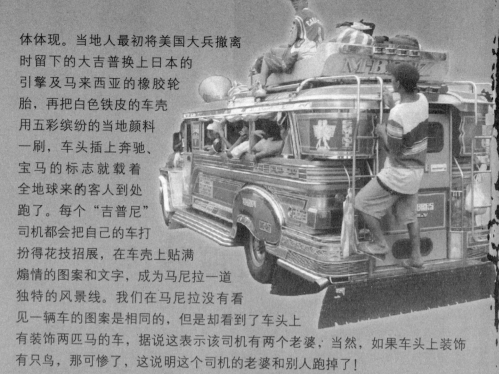

　　每个"吉普尼"司机集收钱（7.5P）和驾驶于一身，上车后大家都自觉
地把钱传递给前面的乘客递给司机，前面的人同时也会把找的钱再传回来。
司机的驾驶实在够"野"，他们竟能在马尼拉拥堵的路面上飞快地穿梭，令
其他司机望尘莫及，却又惟恐避之而不及。在为马尼拉人的生活带来方便的
同时，"吉普尼"也使马尼拉本身十分拥堵的交通雪上加
霜，并使这里的空气污染更加严重。

　　我站在大街上观察，发现一辆花车最多时可
载14人至15人，越靠近车后门的地方女孩越多，
而前边，即靠近司机的位置，有时根本没有人坐，
但也没有人愿意向里面坐，这一点到让我有点不
解，怎么女孩子们非挤在一起坐在
车门处，而不向车内坐坐呢？等车
一停，自己弯腰撅着屁股上车之后，
才发现这车内的空间也确实太低了，
根本就不能站立。忽然一刹那，明白
了，原来答案在这儿呢！

"帅哥，
给支烟抽！"

　　当大部分人站在马尼拉街头时，看见的景色和我一样：一边是扑面而来的各种热带植物，令人目不暇接；另外一边就是这个"世界堵车之都"的脏与乱。当地人一有钱就愿意买车开，所以人口超过一千万的马尼拉的大街上总是塞满了汽车。不过，这对于一些广告商来说倒是件好事。在马尼拉堵车越是严重的路段，路边广告牌越是一个挨一个，价格越是一个比一个高，公路边上低矮拥挤的简陋木板房和露宿街头的人们以及皮肤棕黑、光着身子满街乱跑的小男孩和广告牌上的美女交相辉映，也算是马尼拉的一道独特风景线。

　　每当车辆排成一条条长龙时，坐在车内的菲律宾人总是悠然自得，不急不忙。车外立刻就会有突然出现的小贩上来兜售香烟、矿泉水和号

称是当地最畅销的堵车消费品——炸猪肉条。
在炎炎烈日下已经被堵得够心急火燎了，可车
内的菲律宾人却吃得特香，我真是佩服他们竟然
能吃得下这么油腻的东西。也许是习惯成自然吧，
菲律宾人生来就喜欢吃肉，也喜欢烧肉，什么红
烧肉、油炸肉、烟熏肉、酱汁肉之类，做得都很好，
尤其是烤乳猪还是当地最著名的特色菜。知道了他们
这些特点之后，对于他们闲来无事就能在烈日之下，嚼
一嚼炸猪肉条的行为也就感到没有什么可奇怪的了。

　　"猪肉条"嚼完了，车还是没动，那就买支烟抽
吧。注意了各位，不是买一包，是一根！
这也算是菲律宾的一大特色吧，
什么东西都买小包装的，
不仅烟论根卖，连洗发
水、豆油当地人都愿意买
小包装的，小到每次就够
一次使用的。比方说吧，要
是遇上个像我这样一天洗两
遍澡的，每天至少就要跑两
次超市。这地方女烟民还特
多，尤其是混血儿，皮肤黑，
眼睛大，眉骨高，脸上线条明
朗，个子高挑，前凸后翘，美艳
如花。她们还特热情，也不和你
见外，要是你站在大街上
一抽烟，尤其是美国牌
子的，保准儿就凑过来
一小美女："帅哥，给
支烟抽！"

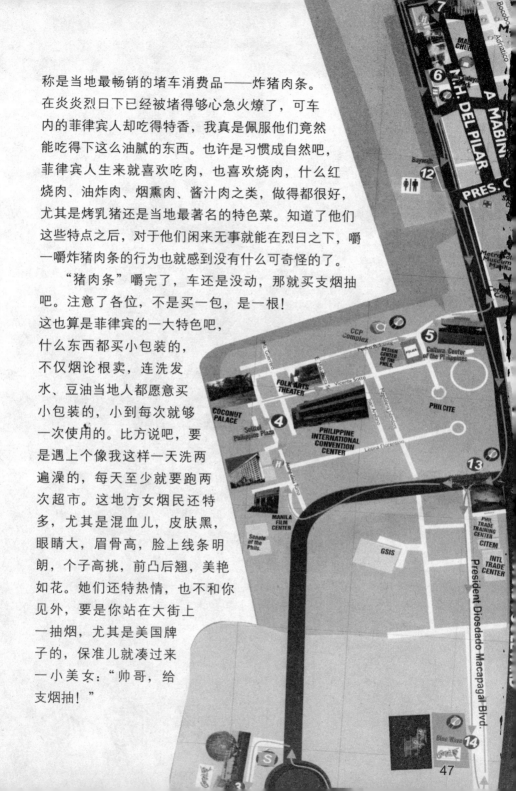

马尼拉机场总共有

三个不同的候机厅，除了我们

来时抵达的"尼诺·阿基诺"国际机场之

外，还有除了菲航之外的国内航线候机楼和专门供菲律宾

航空公司国际、国内航班使用的候机楼。这三个候机楼虽然相距不远，

但还是小心为妙，千万不要走错了，以免耽误乘机。想想马尼拉堵车

上去开心，
下来伤心

的恐怖，我们还是提前三个小时就从酒店出发了。

这次倒是特别顺利，自打上车不到半个小时，我们就到了机场，连小费一共120P，司机连连"三个优"。依我个人的经验，在马尼拉性价比最高的交通方式就是乘坐打表、有空调的出租车，其30P（相当于6元人民币）的起步价格，比上海、北京、深圳出租车的起步价便宜多了，而且时间也是最快捷的。"吉普尼"虽然便宜，类似于我们的"小公共"，但线路的复杂性不是我们外国游客一天两天能够搞懂的，在车上，未必人人都懂英语，语言交流及其困难，很容易就坐错车并且也不安全，有时一不小心就会被人从车窗外抢走项链，炎炎夏日下，坐在没有空调的车内，活像是在"烤乳猪"。城市轻轨虽然快捷，但所去的地方毕竟有限，而且还要上下楼梯和通过繁杂的安检，站在"沙丁鱼"罐头似的车厢里，如再带有行李则颇有不便；观光的马车是万万不能乘坐的，上去开心，下来伤心，更是绝对不要去碰。

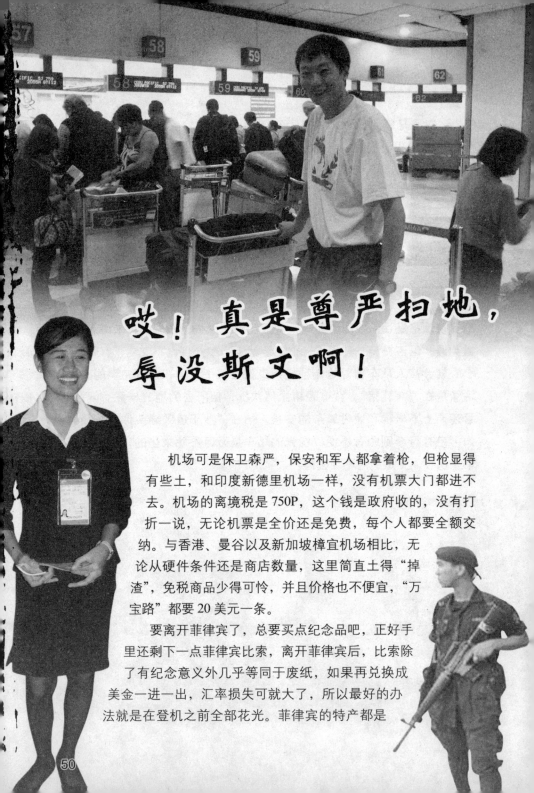

哎！真是尊严扫地，
辱没斯文啊！

机场可是保卫森严，保安和军人都拿着枪，但枪显得有些土，和印度新德里机场一样，没有机票大门都进不去。机场的离境税是750P，这个钱是政府收的，没有打折一说，无论机票是全价还是免费，每个人都要全额交纳。与香港、曼谷以及新加坡樟宜机场相比，无论从硬件条件还是商店数量，这里简直土得"掉渣"，免税商品少得可怜，并且价格也不便宜，"万宝路"都要20美元一条。

要离开菲律宾了，总要买点纪念品吧，正好手里还剩下一点菲律宾比索，离开菲律宾后，比索除了有纪念意义外几乎等同于废纸，如果再兑换成美金一进一出，汇率损失可就大了，所以最好的办法就是在登机之前全部花光。菲律宾的特产都是

请解开检查

以手工艺品为主，比如天然纤维（菠萝树、棕榈树的纤维）编的草帽拎包和各种篮子、贝壳做的风铃等，倒是不错，但因为我还要继续前行，不好携带，只好作罢。最后我在候机室仅有的几家商店里逛了两圈后，买了两袋当地的名优产品 7D 牌的芒果干，算是纪念。但只携带到柬埔寨，就全部捐献给了当地的孩子们。最后我用剩下的钱全部买了水，省的飞机上再花钱买了。

别看这机场硬件不怎么样，机场安全检查的严格可是世界一流，让人不胜其烦，一共要过 3 关不说，鞋子也必须脱下来丢进机器，这还不算，更可气的是还要求皮带都要解下来，查查里面藏没藏炸药。于是乎，安检机器前就排满了一长队双手提着裤子的男人……哎！现在想想真是尊严扫地，辱没斯文啊！

短短两天的时间，马尼拉给我们留下了难忘的印象。这是一座既喧嚣又宁静、既繁华又没落、既勤劳又慵懒、充满矛盾又正因矛盾而充满魅力的城市。街头呼啸而过的"吉普尼"、无处不在的大塞车、穿梭在车阵中叫卖的孩童、讨钱的乞丐和赌场里时髦的绅士淑女所构成的贫富悬殊，对于初次造访这座城市的我们来说，简直有点儿匪夷所思，然而这份喧嚣与杂乱也许正是马尼拉的迷人之处吧，让人欲罢不能，却又在去留之间做着艰难的抉择。

　　别了，马尼拉，我们在不远的将来再见！

我们在不远的将来再见！

附录:

航空机票篇

　　菲律宾这个由 6000 多个岛屿组成的美丽热带国家，民风淳朴善良，英语和汉语流行，是一个从高山到深海，从潜水探险到休闲发呆都让人心醉的国家，非常适合自助旅行。在不降低旅行品质的情况下，如何买到最便宜的机票，在整个旅程的计划中是非常重要的。中国国际航空公司、国泰航空公司、中国南方航空公司、菲律宾航空公司以及中华航空公司等，每天都有从北京、上海、广州、厦门、澳门、香港和台北直飞马尼拉的航班。即使是同一始发地和目的地，机票的价格相差也是非常之大的，从几元 RMB 到几千元 RMB 不等。

　　从北京出发直飞马尼拉，一口气飞下来需要将近 6 个小时，这不仅是对钱也是对身体的一种考验。如果既想节省银子，又不想让自己太累，中间还想下来休息休息，换家航空公司继续飞，考虑转机则是种不错的方法。虽然多经停一次，但也是一种旅途体验，更重要的是总费用至少可以节省一半以上甚至更多，这也算是个不大不小的诱惑！平日里北京飞深圳、广州和珠海的机票有很多特价，一般情况下提前订票的话，机票也就 2—3 折，大约 500 元左右，就像我查询的 2008 年 6 月 18 日珠海——北京的航班，国航 CA1480 和 CA1324 的票价都为 1.4 折，仅仅 290 元；如果购买往返机票，用指定的信用卡购买，价格还可能会有一些优惠；之后，再从广州、香港和澳门飞往马尼拉，根据不同的航空公司和不同的购买渠道，机票价格从几元到几千元不等。

　　如果从上海出发的话，相对北京选择要多一些，菲律宾一家航空公司经常在上海——马尼拉航线上，推出特价，有时票价低至几元钱甚至免费。抓住这样的机会时，当然考虑直飞；如果没有买到这样机票的话，与北京出发一样，可以先飞到南方几大城市，再从那里直飞马尼拉。除此之外，如果提前预订，可以买到航空公司推出的上海飞珠海——199 元的机票，这个价格很让人心动。抵达珠海之后，再从对面的澳门或者旁边的香港飞往马尼拉或者菲律宾第二大城市宿务，也非常方便，当然也要注意选择合适的购买渠道，由资深的国际旅行顾问来提供设计和安排，也是十分必要的。

相对于北京、上海，广东飞菲律宾的优势是不言而喻的，这里就不多讲了。如果从昆明、成都、重庆、或者广西飞马尼拉，除了与北京、上海一样先飞到南方几个城市之外，也可以考虑走陆路先抵达越南首都河内，再飞马尼拉或者曼谷等其他东南亚城市。当然这么飞的原因，机票价格有时会让人跌破眼镜，具体行程建议见如下。

长滩岛行程建议：

位于菲律宾阿尔坎省，距离马尼拉南方约400km，被誉为世界七大美丽沙滩之一的长滩岛（Boracay），是东南亚地区深具吸引力的度假胜地，非常适合第一次出国、预算不多的情侣或者公司安排的休闲旅行。但是随着近年其知名度日益提高，每到旅游旺季，这里人山人海，这一点在决定前往时一定要充分考虑。

前往长滩岛，第一条比较经济的飞行线路是先从上海、深圳、香港或者澳门，抵达马尼拉之后，再转机从马尼拉国内候机楼飞 KALIBO 机场（50分钟航程），之后再乘坐小巴约1.5个小时（票价为200P/人），抵达 CATICLAN。在这里分别购买好50P/人的环境税和码头税后，乘坐当地人历经百年自行创造和自行设计的螃蟹船，15分钟之后，就抵达了美丽度假天堂—BORACAY。这条线路在网站上被广泛采用，但我个人感觉此线路路程比较长，尤其是从上海飞过来，抵达马尼拉机场的时间通常是凌晨四五点钟，此时人已经比较疲惫了，在机场等待转飞之后，若再坐一个半小时的小巴，人会感觉累一些，不如选择第二条线路，直接从马尼拉飞到 CATICLAN（1个小时），这中间会少很多陆路周折而且还会节省大量时间和金钱。一个资深的国际旅行顾问，在时间合适的情况下，策划这条线路，人民币1000元不到，全程机票应该可以拿下来，这比飞到海南还便宜，性价比是非常高的。在长滩岛度假，可以根据自己时间的安排，选择停留两天、一周或者更长时间。如果时间允许的话，也可以在回程的时候，在马尼拉停留一天，好好享受一下菲律宾的购物乐趣再飞回国内。

经由菲律宾马尼拉的一周行程建议：

1. 可以从上海、厦门、广州、香港等城市飞往马尼拉，之后转飞到CATICLAN，前往长滩岛。在长滩岛可考虑停留三天时间，之后走陆路到KALIBO机场，飞往宿雾或者菲律宾国内的其他城市或者海岛，在那里停留两天之后再飞回马尼拉。在马尼拉可以用一天的时间参观黎刹公园、马尼拉湾等市内景点，再用一天的时间去马尼拉巨大的SHOPPING MALL里面，享受一下购物的乐趣，最后带上愉悦的心情和满载而归的礼物飞回国内。当然，后两天也可以考虑飞到香港或者澳门，在那里享受完"血拼"的乐趣之后，回到温暖的家。

2. 同第一条线路一样，从前面所说的几座城市先飞到马尼拉，之后飞往台湾高雄。抵达台湾之后，完全可以根据自己的兴趣前往阿里山等台湾著名景点参观，从台湾南部可以一直溜达到北部，当然也不用担心语言的障碍，还可以顺便享受一下台湾高铁的便利。最后，从台北飞回马尼拉或者菲律宾第二大城市宿雾，再从宿雾直接飞回香港或者经由马尼拉，飞回香港、上海等城市。价钱与上面线路差不多，机票1000元OK！

3. 同第一条线路一样，从前面所说的几座城市先飞到马尼拉，在马尼拉或者在长滩岛溜达完之后，这次不飞台湾了，改飞越南首都河内。游览完河内或者下龙湾之后，既可以原路返回到马尼拉，也可以经由陆路前往广西，再从广西回到出发地。这条线路的全程机票（不包括从广西飞回出发地这一段），1000元也OK了。

4. 这条线路前面的行程和以上几条一样，不同的是从马尼拉开始改飞越南的西贡。抵达西贡之后，既可以北上，经由会安等城市抵达河内；也可以南下，从西贡走陆路抵达金边、暹粒（吴哥窟），再从暹粒飞到泰国的曼谷或者马来西亚的吉隆坡，再从那里飞回深圳等国内城市。这条线路要求的旅行时间要长一些，根据当时的情况，机票的价格也会做相应的调整，但整体费用性价比也会很高。

5. 也可以将马尼拉作为航空中继点，前往印度尼西亚和东马来西亚的相关城市，比如说亚庇或者雅加达或者巴厘岛；如果从深圳或者广州出发，将马尼拉作为一个航空中转点飞往韩国，也是一种不错的选择，有时机票的价格会让人欣喜若狂，1000元也OK了。

菲律宾个人旅游签证的申请，虽然不像马来西亚、柬埔寨等国家那样可以申请落地签证方便，但也非常容易得到，只要材料齐全，3个工作日后即可得到。随着近年国内自助出国旅行人数的增加，相信菲方在不久的将来，会更加简化个人旅游签证手续，其最新签证要求第一时间登陆菲律宾使馆的网站即可看到。

香港"八达通"简介：

香港八达通是一种非接触式智能卡，在电子货币使用上非常方便。无论进行交易还是充值，操作都十分简单。其普及程度为全世界最高。八达通的中文名称，字面的意思是"凭卡可以四通八达"。中文的"八"可以代表"很多"，也因其与"发"谐音被视为幸运数字。八达通的"八达"取自成语"四通八达"，代表一卡在手到处通行。而八达通的英文名称Octopus（八爪鱼之意），则呼应中文名称的"八"字。八爪鱼的触腕可以同时抓取很多东西，代表八达通可以同时应用于不同种类的交易。

八达通几乎适用于香港所有的公共交通工具以及大型连锁店，部分交通工具会为八达通使用者提供车费优惠，港铁也会收取比单程票便宜的车费，而该等优惠并不适用于现金付款。不同的八达通读卡器设计配合不同折扣优惠的操作。一般的八达通是匿名性质，毋须身份证明文件即可购买。其种类有小童，学生，成人，长者，收藏版八达通卡等。

关于八达通更多相关介绍请登陆：http:\\www.octopuscards.com

TIPS：

香港国际机场的一大特色是设于七楼的"共享候机室"，也是全球首创经济舱旅客也可花钱享用豪华设施。它24小时开放，设施包括商务中心、秘书服务、专人修甲服务、按摩、沐浴、休息阅读室等，特别适合在香港转机的旅客。以香港的物价水平而言，这里每次收费才仅仅港币250元起，碰巧的是和我们这次飞马尼拉的机票价格相同，二者都同样物超所值。

机场有一号和二号两个客运大楼，不同的航空公司在不同的客运大楼办理登机手续，所以在买机票的时候一定要问清楚，以免走错，耽误时间，更多的关于机场和航班的信息也可以登陆香港国际机场的网站进行查询，网址：http://www.hongkongairport.com/gb/。

第二章　印度尼西亚

未来的职业发展
不可限量

设计出一条性价比非常高的旅行线路，的确是个浩大工程，不仅要求设计者对世界各国的航空公司以及各航空公司推出特价机票的时间和航线了如指掌，而且还要求设计者对世界各国城市的机场也要了如指掌，因为有很多城市不止一个机场，比如说纽约和伦敦都不止一个机场，相同的城市起降不同的机场，那机票的价格自然就不一样了，有时候甚至会相差千倍。

除此之外，还要求设计者对世界各国的天气、历史、地理、人文等也同样要了解，这样在设计出一条旅行线路的时候，消费者才会感到真正物有所值以达到感官和身心的欢愉，这绝对是脑力和经验的结晶。我设计的"3000美金飞遍世界5大洲"、"3000美金——北纬30°环球神秘之旅"、"699美金飞遍新东欧"和本次飞遍东南亚10个国家

和地区的线路，其实也都算是个不大不小的工程吧。在线路设计的整个过程中不仅要考虑机票的价格是否最便宜，而且还要考虑飞行的时间是否吻合；停留的天数是否合适；当地的天气是否适宜；环境是否安全；签证是否便利；目的地是否有可看的内容等等一系列因素。所以一条线路的最终出台绝对是对设计者经验和脑力的考验，呵呵，当然在此基础上收取一些合理的顾问费，相信大家也是愿意支付的。

目前这方面的国际旅行顾问人才，在中国的确凤毛麟角，但市场对这方面的需求将越来越大，未来对这类人才的争夺也会越来越激烈。"兆瑞环球网"目前也在招聘包括应届毕业生在内的各方面人才，以便从中挑选和培养一批"品学兼优"的中国第一代国际旅行顾问。只要能够认认真真，踏踏实实地学习，没有什么是学不会的，而且作为一名国际旅行顾问，在年轻的时候会有很多机会实现自己周游全球的梦想；随着中国经济的快速发展和与世界经济的快速接轨以及人民币的持续升值，有越来越多的人愿意走出国门，到世界上去走一走，看一看。所以这个职位的未来发展空间是绝对可以期待的，随着经验和阅历的增长，慢慢会呈现出今天的投资价值，其未来的职业发展空间不可限量。

这么飞那么飞？

马尼拉的下一站飞往哪里？我在设计的时候可没少问自己。河内、曼谷、吉隆坡、亚庇（哥打京那巴鲁）以及新加坡等城市都是我考虑的对象。翻开东南亚的地图，很清楚地可以看到，东南亚一些国家之间因为之间隔着海洋的原因，飞机成为了最便捷的交通方式。假设我们从马尼拉飞河内，那按照地理顺序就应该从河内到金边或者曼谷；如果我们先飞西马来西亚的亚庇，那么按照地理顺序就应该到文莱之后是新加坡和印尼。但设计的难点就在于线路的环环相扣，光考虑下一步还不行，还要考虑第三第四直至最后一个飞行点，整条线路的"性价比"和流畅性。有时候，同样是两个城市，去和回的机票价格都相差很大，而我要做的工作就是如何找到这些相对便宜的机票并把它们组合在一起而舍弃昂贵的机票。

素有"千岛之国"之称的印度尼西亚横跨赤道，处在亚澳两洲之间，濒临印度洋和太平洋，共有13677个岛，面对如此多的海岛我们飞往哪里呢？毫无疑问，这些如一串珍珠散布在珊瑚海中的海岛，最璀璨夺目的一颗明珠一定是巴厘岛，世界级的游览胜地巴厘岛四季草木青翠，山花烂漫，更有迷人的海滩和孕育着高度文明的民俗艺术，每年都吸引着数十万的世界各国游客，成为印尼最大的入境旅游目的地，同时也成为了在我们国人心目中知名度最高的印尼旅游度假圣地。但对于我们此次行程来说，飞往巴厘岛度假好像有些不太合适。主要是我们的行程才刚刚开始，人还不是很累，不太适宜在这个时间点上跑去度假，二则既然去海岛度假，我个人偏好是去很少有人光顾的美丽原始小岛，而不太愿意去人山人海商业味道很浓的地方。当然，在这一点上每个人的口味是不一样的，不用争辩，什么样的选择都是正确的，什么样的结果都无可厚非。这也是我为什么在本次行程中最后选择了去亚庇度假的原因。因为从原始状态和行程时间上它都符合了我的要求，我们抵达的那个时候，已飞了很多国家，从身心两方都需要好好放松和休息一下。

对于印尼除了首都雅加达以外的城市，包括万隆、棉兰在内我也都查询了相关资料，最终我选择了飞往印尼的首都雅加达和另外一个美丽的海岛——巴淡岛，再从巴淡岛前往新加坡。至于为什么不先飞新加坡，再从新加坡抵达雅加达后再飞往下一个目的地胡志明市，是因为从新加坡飞往胡志明的机票要远远便宜于雅加达飞往胡志明市的机票，更何况从马尼拉到雅加达的机票仅仅 1999 菲律宾比索（48.70 美元），而飞到新加坡则要 7999 菲律宾比索。

小家碧玉的清新

从"大苹果"马尼拉飞到有"椰城"之称的印度尼西亚首都雅加达，差不多空中飞行时间要将近四个小时。起飞后没有多久，尽管空调又开得特足，但对于这次飞行我可吸取了上次的经验，早早地把长袖衣服给准备好了，所以这一次我一点儿也没感觉到冷，美美地先睡了一觉。

飞机抵达雅加达苏加诺一哈达国际机场时差不多已是午夜时分了。走出机舱，一股丁香花的芳香扑鼻而来。作为一个国际机场，雅加达国际机场与香港国际机场相比显然没有了后者的大气和奢华，但却给人一种小家碧玉的清新。机场的设计处处透露出印尼的民族特色，没有拘泥于建造华丽的建筑物，也没有把外部的空气、湿气、雨水、热气以及周边散发出来的气息阻隔在建筑之外，恰恰与之相反，建筑被设计成了周围环境的一部分，既经济又简洁。从屋檐到廊柱上的花纹，从候机室到停车场的雕塑，就连卫生间门口的"男""女"标识，都是用木雕刻画出当地民族特色的男女形象。

而这个机场的设计师就是赫赫有名的法国著名设计师保罗·安德鲁先生，这位 1961 年毕业于法国高等工科学校的设计师同时也是圆形的巴黎戴高乐机场候机楼和上海浦东国际机场以及中国国家大剧院的设计师。他设计的中国国家大剧院绝对堪称极品，不过在其"外壳、生命和开放"的设计理念之下，不知道为什么唯独少了节约的元素。据媒体报道，国家大剧院三大剧院座位数为 5473 个，平均每个座位造价近 50 万，以每个希望小学平均造价 25 万计算，国家大剧院总投资可以建 10496 所希望小学，比"希望工程"成立 19 年来的募资还多。其后的运营费用和维护费用更是惊人，仅每月的电费就需要 400 万元人民币，更不用说每年几千万甚至上亿元的维护成本了，这又相当于好多座"希望小学"就此消失，真是可惜！

别总听别人忽悠！

关于印尼对中国大陆公民允许在机场办理落地签证的政策，在出发之前我就电话使馆了解了。所以了解之后，我就根本不准备在国内办理签证了，直到有一天，一个朋友发给我了一条链接，这个链接来自于一个旅游信息非常权威的网站，上面对于印尼签证写着如下的文字："如果不事先办理印尼签证，有可能在雅加达被拒绝入境。"

面对突然杀出的这句话，我心里嘀咕了半天，信还是不信？之前我与印尼使馆沟通过程中，对方已经明确告诉我落地签证没有任何问题，直接飞过去就可以了。对于签证，我并不陌生，在我的上一本书《3000美金周游世界之我如何获得40国签证》中，我就详细描述了如何获得这些签证的过程以及与签证官斗智斗勇的亲身经历。但是这一次，到了那边因为签证的事情，耽误了行程怎么办？

是稳妥点好这句古语站了几经斗争，还走进了坐落在北京上风，只好乖乖地使馆斜对面的柬埔寨大印尼使馆签证处。签证处的空间很小，几排简单的椅子摆在屋内，除了一些旅行社来办理签证的人之外，没看见谁和我一样办理个人旅游签证。签证的资料要求和菲律宾使馆一样，没有什么特别的，不像有些网站上写的那么复杂，又是户口本又是银行存款什么的。简单地添个表，按照35美金的汇率交上人民币，三个工作日来取护照就好了，一切都是例行公事。

好了，说完签证的事情，让我们再回到雅加达苏加诺－哈达国际机场。从机舱口下来，带有中英文标识的指示牌马上就映入了我们的眼帘，走不多远，就看见写有"visa on arrival"字样的牌子，这个牌子的下边就是办理落地签证的地方。此时我想看看移民官是如何检查资料，有谁会被禁止入境，所以就没有像往常那样迅速通关，而是站着没动。才站了几分钟，我就被气死了，一个劲地责备自己做事为什么不自信？在这儿办理落地签证那真是个容易，添个表，排个队，把护照和10美金签证费一递，里边盖章的人一见美金，立刻就大章一盖，OK！全部过程一分钟都不用！直至最后一位都离开了，也没有见到哪位被拒绝入境。今天想起来这一幕，心里还一个劲地滴血，这冤大头当的，白白损失了25美金不说，还浪费了时间前往使馆和准备资料！吃一堑长一智，通过这事，自己从今以后长了个记性，就是做什么事情，如果认为自己是对的，就一定要相信自己，别总听别人忽悠，省得到时追悔莫及！

Welcome to Indonesia.

Enjoy the best and widest GSM coverage.

↑ Transit dan pindah pesawat
Transit and transfer

↑ Pengambilan bagasi
Baggage claim

过境和中转
مرور وتحويل السفريات
乗り継ぎ

行李领取
طلب الأمتعة
品物損害クレーム

印尼欢迎你！

　　刚出海关，前面就出现了好几家帮助预订出租车的公司，问问价格，呵呵，赶紧走吧。还没走几步，这脚儿就动不了步了，热情好客的印尼人民已经团团包围了我。打招呼的语言简直比北外开的语种都多，有说英语的；也有说日语的；有说韩国语的；也有说咱们中国话的；当然也有说不知道哪国话的，压根也没听懂。有主动帮我拖行李的；也有主动帮找出租车的；还有主动帮我订酒店的；甚至还有主动借给我手机打电话的，当然也有什么事都没有的，一个男的就非往我身边凑，一个劲地"好啊优"！我一看这场面，和我曾经在埃及开罗机场碰到过的场景一模一样，上次是"代表埃及人民来欢迎我"（见《3000 美金，我周游了世界》一书），让我享受了一下国家总统的待遇，这次换成了"代表印尼人民来迎接我"。呵呵，其实我心里明白，这哪是欢迎我啊，是欢迎我兜里的钱来了！这阵势我早已见怪不怪，尽管有人还在用蹩脚的中文喊"人民币"，但此时谁的话也别接，全当没听懂，直接开路走人，杀出重围！

　　走出机场立刻就要面临交通和小费的问题，换钱是一定要做的事情。与马尼拉机场一样，这里营业换钱的银行仅为一家，其兑换率当然也可以想象到了！从机场到酒店，省钱的方法是乘坐 Damri 公司的大巴，直接抵达市中心的 Gambir 火车站后，再打车。但此时天已经很晚了，看看眼前的摄影器材和行李，我想今天就奢侈一下，直接打车前往酒店休息吧。主意一定，还是老规矩，门外"砍价"吧，几个回合下来，100，000 成交。不过这里特别需要说明的是，上车前一定要和司机讲清楚这个价钱是包括了途中所有过路费在内的（印尼收费站与国内相比有过之而无不及）价格，否则下车的时候就有可能麻烦。坐在车内，想想最后成交的价格尽管比最初的报价低了一半还多，但同样的价钱都可以在国内买辆车了，看来这个国家的钱，毛得也够可以的了！

2008 年 4 月 1 号，印尼经济统筹部长布迪约诺 (Boediono) 向媒体表示，尽管印尼 3 月份通货膨胀率明显高于目标水平，但政府正努力降低通货膨胀，他对 08 年实现将通货膨胀率控制在 6.5% 以下的目标仍然持乐观态度。可惜他话音落下还没有几个月，08 年 9 月 4 日，印尼中央银行年内第五次加息，将基准利率上调 25 个基点至 9.25%。同时印尼央行预测，12 月份印尼的年通货膨胀率将为 11.5% 至 12.5%，而 2007 年年底时则为 6.59%。再回头看我们国内，今年二季度国内生产总值（GDP）同比增长 10.1%，同比回落 1.8 个百分点。里昂证券（CLSA）9 月 1 日公布的数据显示，中国 8 月采购经理人指数（PMI）为 49.2，为 33 个月以来首次跌破 50，处于收缩状态。这些数据反映了国内经济增速开始出现明显减缓，股票随之也从 6100 点掉头朝下，目前已经跌破 2100 点，看来国内有关部门的压力也不轻啊！

当然这车费还不算是最夸张的，上次我周游世界时在土耳其的伊斯坦布尔，同样从机场打车到市内，竟然付了几百万土币！下车时我双腿就一个劲颤抖，一刻都没停，拿在手上的钱，光查"零"就用了半个小时（见《我如何获得 40 国签证》）。今年 4 月，听说津巴布韦中央银行发行了当今世界货币中面额最大的 5000 万津元纸币，真不知道下次去津巴布韦的时候，从机场到酒店的车资会不会高达上千万元，那样的话，我的腿会不会颤抖得比今天还要厉害？

"TIPS，THANK YOU！"

印尼全境拥有4500多座火山，是世界上现存火山最多的国家，也因此造就了印尼十分独特的地质现象。首都雅加达位于印尼的中心——爪哇岛的西北岸，是人口最多的一个岛，也是印尼的三大旅游地之一。市内绿树成荫，街道两旁遍植常绿树种，世界著名的波格尔植物园及茶园坐落在此，还有独立广场公园、印度尼西亚缩影公园、安佐尔梦幻公园、中央博物馆以及伊斯蒂赫拉尔清真寺等名胜古迹。城区的南面是新区，为政治金融中心，有非常漂亮的花园式住宅区；北面则是旧城，临近海湾，风光独特，古迹众多，多数建筑物都有典型的欧洲古典风格，我们预订的酒店就坐落在这个区域。

从机场到市

内还是有点距离的，车速很快，
但也开了将近半个小时。雅加达
有很多家出租车公司，和上海类
似，每家公司又都使用自己的品
牌。"蓝鸟"公司（BLUEBIRD GROUP）的
口碑一直不错，一般情况下司机也不会绕路，
服务和素质都不错，在雅加达之后的行程中我
们几乎用的都是这家公司的车，可惜在机场我

们没有找到这个公司的车，自然现在乘的也不是这家公司的车了。其实
在旅途中，如果遇见一位能讲一些英语的司机，没准儿还是位不错的导
游，和他聊聊天，听一些当地的民风民俗介绍，也是蛮有意思的。

　　车到酒店（JALAN KH WAHID KLAYSIM NO.114，JAKATA）），还没
有焐热的 10 万块钱就从我的腰包转移到了司机手上。这位司机哥哥倒也不
客气，刚刚把钱收好，一只手立刻又了伸出来，张嘴就向我要起了小费。
我了解印尼和东南亚许多国家一样，打车的时候，按照打表的价格，是要
多付一点小费的，这是风俗，也是国际惯例，在欧美的许多国家都是如
此。在世界各地旅行时，我是坚决提倡给小费的，这既体现了对服务者劳
动的一种认可，也体现了对当地文化习俗的一种尊重，俗语说的好，要入
乡随俗嘛。但是在砍完价的基础上还要小费，这对我来说还真是大姑娘上
轿头一回遇见，的确有点为难，一时还真让我有点头晕！给吧，身上一点
儿零钱也没有，刚才在机场就兑换了这 10 万块钱。正常情况下如果打表的
话，给完小费，还能有富余，但刚刚是在机场，没办法只能讲价；不给吧，
打车也的确该给小费，怎么办呢？想了半天，忽然灵光一闪，有了！我把
手也放进了兜内，拿出来的时候，冲着司机微微一笑，把随身携带的一瓶
"清凉油"轻轻地放在了他的手上，"TIPS, THANK YOU!"

我可没有忘记加点盐

　　早上七点，正睡得迷迷糊糊呢，就被弥漫在空气中的诵经声吵醒了，我忽然意识到这是在世界上最大的伊斯兰教国家，穆斯林们正在做祷告呢。整个城市此时除了诵经声外好像特别宁静，时间仿佛也在此刻停顿，只有那信仰的光华充斥在空气当中，静谧而神秘。按照伊斯兰教规，虔诚的信徒要每天五次将手中可以暂停的工作停下，面对麦加的方向，发出他们的祷告，所以之后我在市区看到了很多大大小小的宣礼塔。写到这里，我想起了在第一本书中所写的一个小故事，当年站在埃及开罗火车站大厅，我正盯着头上的列车车次表准备买票呢，忽然周围一片声响，我连忙将目光收回，发现刚才大厅内还熙熙攘攘站着走着的人，现在全都在地上跪着呢，偌大的火车站大厅此刻就剩我一个人鹤立鸡群地站着。当时那一刻可把我吓坏了，还以为遭遇上恐怖袭击了呢，一问才知道原来祷告的时间到了。

　　既然醒了，索性起来好好享用一下酒店的自助餐。一番收拾之后，来到了自助餐厅。这里从西餐到诸如印尼炒饭在内的当地食物都有，也许是印尼人喜欢甜食的原因吧，连咖啡都偏甜。在取了一些面包和饮料之后，我到了煎鸡蛋的柜台前，印尼厨师煎鸡蛋的做法是将鸡蛋全部打碎搅拌在一起之后再用油煎，这与我平常的做法完全不同。尝了一个感觉味道一般，连盐都没有。和厨师沟通了半天我想吃的煎蛋的做法，对方还是云里雾里，见此情况索性自己拿起煎铲，重温一下我在英国留学时练就的厨艺。不大功夫，一个色香味俱全的双黄煎蛋就出现在了我的面前，当然了我可没有忘记加点盐。

一园之内，逛遍印尼

为了对印尼全国有一个更深的认识和了解，在市内转了几个景点之后，我们决定前往坐落在雅加达南郊10公里处，世界上第一个介绍国土知识的缩影公园——"印尼缩影公园"参观。

由于在雅加达打车并不是一件特别奢侈的事情，5000印尼盾起，所以我们决定还是乘坐"蓝鸟"前往。雅加达的马路上充斥着大量的二手机动车，空气污染与马尼拉、曼谷不相上下，交通拥堵得也一塌糊涂，是东南亚著名的"堵城"。坐在舒适的带有冷气的空调车里，沿途既看到了城市里漂亮的办公楼和现代化的银行大楼，也看到了破落肮脏的棚户区，强烈的对比和冲击，使我更深刻了解了这座城市的贫富差距，也让我感受到这些年印尼的经济没有什么大的发展。沿途唯一的亮点就是大量日本公司的广告牌随处可见，从上个世纪 60 年代大量日本企业在这里建厂，到今天大量的日本游客倾心于这里原始的自然风光和神秘的异域风情，选择来这里度假和旅游。可以感受到在印尼人的心目中，日本人已经演变成了有钱人的代名词。我们一路走下来，大多数时候对方都会先用日语和我们打招呼，将我们当成日本人，当然最终我们会很自豪地告诉对方我们是中国人。

可能不是周末的原因吧，公园里的人不是很多，显得有点空空荡荡，我们请司机直接将车开进了园内。在这座占地 120 公顷的公园内，印尼全国 27 个省的地势景观，风格各异的建筑都照原样在这里兴建，有的屋顶是用印尼传统的 Batic（蜡染布）包裹的；门廊上精细雕刻着 Ramayana（罗摩衍那）里的人物；屋子的木架结构完全裸露在外面，充满了浓郁的民族风情。不过，真正要到当地人家做客的时候，一定记得要把鞋子放在门外，以示对主人的尊重。

站在巨大的印尼群岛地形模型前，一下子就让我对印尼的国土有了一个非常立体的感知，海洋、陆地、城市、河流、铁路、山脉，清清楚楚，一目了然。在这里既可以漫游伊里安查亚岛上的"热带原始森林"，看到古老陈旧的独木小船，用树干搭成的高层茅草棚以及椰树丛中金碧辉煌的宫殿；也可以欣赏到巴厘岛的热带风光，看到美丽静穆的白色寺庙和中爪哇岛上世界闻名的婆罗浮屠，真是让人大开眼界，一园之内，逛遍印尼啊。

印尼盛产香料，如丁香、豆蔻、檀香等，是世界香料大国。16世纪前就吸引许多欧洲人前来寻宝，曾统治此地近350年的荷兰人更因其富饶的物产而致富。所以在雅加达，可以看见很多古老的欧式建筑。如果愿意去博物馆感受一下历史和文化的话，自然首选是印尼国家博物馆，这可是印尼收藏品最丰富的博物馆之一。历史博物馆也当然值得前往，其前身是从前的荷属东印度公司总部。至于皮影博物馆、海员博物馆等专业博物馆，有时间和兴趣的话也不妨前去看看。

我们回到市内来到著名的"自由广场"上时，差不多已经是黄昏时分了，这个地方离我们的酒店很近，走路就可以抵达。广场上此时可能是因为太阳快落下了，比较凉爽的缘故吧，站了有很多人，热热闹闹的，从放风筝的到卖小吃的，一应俱全，当然在这种地方也少不了警察的身影。雅加达市最高也是最具代表性标志的建筑

男人娶4个老婆的答案

　　物，绰号为"苏加诺最后的勃

起"的民族纪念碑就矗立在这里。其高 132 米的圆柱碑体顶端是用 35 公斤重的黄金铸成的自由火炬，据说是已故印尼总统苏加诺为了显示他男子汉气概专门修建的，看着看着我忽然明白了为什么在印尼很多男人要娶四个老婆。

　　距此不远，自由广场的东面，就是雅加达四个火车站之一的，也是最主要的 GAMBIR 火车站，前往万隆、索罗等地的直达火车都从这里发出。如果想去参观可与埃及金字塔相媲美，被誉为世界七大奇迹之一的婆罗浮屠的话，这个车站绝对是首选，因为从这里出发的很多火车都是豪华型的，类似于我们国内的空调火车，比经济型的要快捷舒服很多。但我个人的建议是，如果不是特意为了体验一下在印尼乘坐火车的感觉，其实还是乘坐飞机比较经济实在，尤其是长途。从雅加达出发的很多国内班机，包括巴厘岛等价格都不贵，如果提前预订，还能订上几元钱一张的机票，就算加上机场税，"性价比"也比火车高了许多，由于印尼是海岛国家，航空业相对还是比较发达的。但在这个火车站打出租车的话，还是走到站外打比较好，至少同样路程会节省一半。

我们所在酒店的这条街上，应该算是酒店之街，一家挨着一家全是酒店，从4星级到廉价旅馆全部都有，即使是深夜抵达也不用担心没有房间。如果是选择比较廉价的酒店可以现场看房"砍价"，一般情况下，带电风扇的双人间，使用公共卫生间的价格是7美元左右；三星级酒店的标准间价格在50美元左右，但此类酒店最好是提前预订，可以享受很好的折扣，比北京上海的同等级酒店便宜多了。雅加达的天气是很热的，所以如果经济条件还可以的话，最好还是选择带空调，有独立卫生间的房间，哪怕价格高一点儿，一个舒适安逸的休息条件本身就是对旅行最大的支持。

酒店旁边就是雅加达著名的夜市一条街，顾名思义，既然是夜市，虽然是夜晚，但里面自然也是灯火通明，热闹非凡。印尼和菲律宾一样，也是水果王国，如果不喝几杯既便宜又营养的鲜榨水果汁，那可是对自己最大的不起了。JUICE ALPOKAT(7999 印尼盾) 和 JUICE MELON（6999 印尼盾）这两种果汁味道的确不错，至今一想起来我的嘴还能马上条件反射呢。另外一种名字叫 SAPO TAHU（23999 印尼盾）的菜，味道也是不错，据说还是当地名菜，不能不尝啊，否则一定后悔！

当地名菜，不能不尝

逐买卖划算！

　　雅加达机场是印尼最重要的航空枢纽，不仅从这里转机前往印尼国内非常便利，而且这里也是印尼前往东盟其他国家的门户，东南亚国家联盟（ASEAN）的总部就设在这里。每天都有数架航班把位于东盟国家中心地带的雅加达和各个东盟国家的主要城市紧紧地联系在一起。从这里飞往新加坡樟宜国际机场的航班每天也高达数班，新加坡航空公司和印尼的"鹰航"都在飞，我在查询这条线路的机票时，找到最便宜的报价是 219 美金，换算成人民币 1500 元左右！其实呢，如果按照我们国内的航空公司的价格体系，这个价格也不算离谱。2 个小时的空中飞行时间，差不多相当于北京飞杭州的空中距离，机票全价的话也要 1150 元呢，也没有贵到哪儿去，何况还是国际航班呢。但这个价格对我来说，是不能接受的，可能是由于几分钱，几毛钱一张的机票买顺手了吧，一下子出 1000 多块钱买张机票，心里上还真接受不了，大出血啊。

　　接受不了怎么办呢？那咱就想办法吧。读过我写的《3000 美金，我周游了世界》一书的读者可能还记得，当时我想从瑞典首都斯德哥尔摩飞芬兰首都赫尔辛基，发现直飞的票价非常昂贵，后来选择了先飞芬兰的第三大城市——坦佩利（TAMPERE），机票仅 0.93 美元！抵达之后，再从坦佩利坐不到 2 个小时的火车抵达赫尔辛基，这一段车程使用我手中的火车通票也不用再额外花钱。坦佩利同时还是座风景优美的城市，既节省了金钱，又多旅行了一座城市，多划算的买卖啊！那在这里可不可以也这样做呢？

　　我的眼睛在印尼和新加坡之间的地图上仔细寻找，慢慢地巴淡岛进入了我的视线。这个面积 416 平方千米，有清澈见底的港湾和银色沙滩、海底布满各种珊瑚和热带鱼类、地理位置和气候条件非常优越的小岛位于新加坡和印尼之间，距离新加坡仅有 20 公里，船开 40 分钟后就能抵达新加坡的市中心——港湾码头。从雅加达飞到这里的机票才 18.12 美元，加上新加坡的船票 15 美元（20 新币），连 40 美元都用不了，就办成了 219 美元才能办成的事。何况在时间成本上与从雅加达直飞新加坡樟宜机场，再从樟宜机场到市内的时间是一样的，甚至更快，大海上可是不堵船的。这么走既节省了时间也节省了金钱，还多旅行了一座海岛，同时欣赏了新加坡和印尼两国的海上风光，这买卖划算！

直挂云帆济沧海

    2个小时不到，我们已经在巴淡岛机场落地了。雅加达的国际和国内机场是在不同的地方，打车的时候一定要和司机说清楚，否者极容易走错，所以建议去机场还是稍微早点为好。

    巴淡岛机场不大，在行李提取处就有两个柜台在出售去新加坡的船票。我一开始还用英语问票价，没想到柜台里面的MM硬是一句中文就打发了我。好嘛！听到此言，我忽然感觉离新加坡好近了，连说话都改用汉语了，看来即使一句英文不会，走遍东南亚也没问题。MM告诉我如果在这里买票的话，比在码头买票便宜2新币，这一点后来我们在码头上船时也得到了证实。刷卡不行，统统现金，新币或者印尼盾付款都没有问题。只有美金？没关系，旁边就是一个兑换点，当然那里面的兑换率是可想而知。

面积仅为新加坡三分之二的巴淡岛，拥有清洁美丽的海滩，能让人沐浴在阳光与蔚蓝的大海里，拥抱大自然旖旎的风光。可能因为巴淡岛是新辟的旅游区的缘故吧，从空中就可以看到这个小岛正在大兴土木，动工兴建了很多旅游设施，但与此同时，很多植被也遭受到了毁灭性的破坏。据说这里还要计划兴建几十家饭店、高尔夫球场和各种娱乐场所，将这个免税岛变成旅游度假的天堂，吸引新加坡人前来购物，娱乐和吃海鲜。当地媒体甚至认为若干年后这里可以与夏威夷和加勒比海地区相媲美。不过我倒是不以为然，能否做到暂且不说，为了大兴土木，而破坏植被，我觉得太不值得。有些东西毁了容易，再想建可就难了，再说每个地方的经济发展都有其自己的独特性，找出自己的独特性，再结合本地的实际情况进行规划，这样做的效果也许更好，没有必要盲目跟风，更何况跟风之后，还未必有好的结果。

巴淡岛机场外面没有公交车，一律出租车。岛上有两个码头可以坐船前往新加坡，打车的时候一是要告诉司机去的地方是 20 分钟左右车程的 BATER CENTER 码头；二是要讲好价钱，70,000 印尼盾，只能少不能多。否则有可能给拉到另外一个非常远的码头，那价格也许就天知道了。这里出售的船票一律是往返票，单程票不予发售，看着手中的两张船票，我真是哭笑不得。虽说船票不记名并且一年有效，可我也不能等船到了新加坡后，站在码头上大嗓门地吆喝处理另一张票吧？看来啊很有必要在"兆瑞环球网"上面开设一个交换平台，专门让大家自由交换世界各地的票务，既包括船票，也包括诸如伦敦的音乐会票、纽约的地铁票之类的，我想访问量应该不低。除了船票之外，从印尼前往新加坡，还要交纳 7 新币的离境税，反之，则要交纳 15 新币，这么看来从印尼去新加坡还是划算的，至少省了 8 个大洋的离境税啊！

附录：

航空机票篇

被誉为"千岛之国"的印度尼西亚，情况与菲律宾很相似，都是岛国，公路在两国都是短途运输，而对于长途运输来讲，货物基本上只能靠船。而对于客运来说，人们出行的最好方式自然是飞机。没有多少人愿意在烈日之下，在轮船（豪华游轮除外，这里的轮船是指专门用作交通工具的轮船）上忍受一天或者几天的煎熬，飞机自然是岛国出行的最佳选择。更何况印度尼西亚政府一直保持天空开放的政策，还允许外资控股航空公司51%，所以印尼的航空公司一个又一个不停地出现。在印尼国内，由于航空公司众多，很多航空公司都是廉价航空公司，出于竞争的需要，票价自然便宜得让人眼红，很多飞机票价甚至远远比火车票还要便宜。

印度尼西亚雄狮航空公司、巴达维亚航空公司、鹰航、国泰航空公司、中国南方航空公司、新加坡航空公司以及马来西亚航空公司等，每天都有从北京、上海、广州、澳门、香港飞往雅加达或者巴厘岛的航班。由于航空公司很多，可供选择的航线也很多，即使是同一始发地和目的地，机票的价格相差也是非常之大的，从几百元到几千元不等。如果不会选择的话，多花几千元钱也是件很正常的事情，尤其是飞往印尼著名的旅游胜地——巴厘岛，从国内出发最便宜的机票仅为几百元，而贵的话，甚至在5000元之上。

从北京出发前往雅加达，直飞的话可以选择印尼的鹰航或者国航，一口气飞下来8个小时左右，飞往雅加达的往返票价基本都在3500元之上，而飞往巴厘岛的票价会更高。如果想便宜的话，与飞马尼拉相同，考虑转机是种不错的方法。先飞到广州、深圳或者珠海，再由这几座城市或者经由香港、澳门飞往雅加达或者巴厘岛，票价会节省不少。

如果从上海出发的话，与北京也差不多，直飞的话，也有好几家航空公司在飞。如果想省钱的话，一是与北京出发时一样，可以先飞到深圳等南方几个城市，再从那里飞往雅加达。二是除此之外，也可以用很低廉的票价先飞到马来西亚或者菲律宾，再从那里转往印尼的巴厘岛或者雅加达。时间如果合适的话，由资深的国际旅行顾问来提供设计和安排，价格至少比直飞便宜一半，还能多去一个国家，性价比相当不错。

相对于北京、上海，广东飞印尼和飞菲律宾一样，优势是不言而喻的。除了可以乘坐包括中国南方航空公司在内的直达航班之外，还可以有很多的转机航班可供选择。按照当时机票价格的不同，可以考虑由马来西亚、泰国、菲律宾或者新加坡转飞过来，具体线路可以由资深的国际旅行顾问来提供设计和安排，价格绝对可以让人跌破眼镜。

当地旅行社安排的巴淡岛一般行程：

先是前往彩红桥（巴里浪大桥）参观。之后越过这座桥，前往越南村遗址参观 NGHA TRAN 纪念碑，GALANG 博物馆与 QUAN AN TU 观音庙。其间自然少不了参观土特产品店，里面出售咖啡粉，鱼饼虾饼及手工艺品等。用过午餐之后前往巴淡岛的大伯公庙。之后，导游还可应客人的要求，到按摩院去尝试印尼式按摩。最后的行程将到 MEGA MALL 购物中心，自由购物。

巴厘岛行程建议：

世界级的游览胜地，犹如一串翡翠贯穿在南太平洋上的巴厘岛（BALI），被公认为世外桃源般的度假乐园，也是印度尼西亚著名的旅游区。这个爪哇以东小巽他群岛中的一个岛屿，面积约5560多平方公里，人口约280万，距首都雅加达约1千多公里。该岛四季绿水青山、万花烂漫、林木参天、沙细滩阔、海水湛蓝清澈，每年来此游览的各国游客络绎不绝。

前往美丽的巴厘岛，一般都要中转，传统的做法是由印尼首都雅加达中转或者由新加坡中转，如果从北京出发的话，加上中转时间差不多也要11个小时才能抵达，但即使如此，飞到巴厘岛的机票并不便宜。如果不在乎能否在飞机上享受免费吃喝的话（想想我们乘坐飞机的目的是将其作为一种交通工具，又不是到饭店去吃喝），而在意机票价格的话，可以选择廉价航空公司，反正到哪里都是转机，仅仅是因为转机地点的不同，就有可能让自己兜里的银子节省一半，而且同样可以实现飞抵巴厘岛的梦想，让自己的旅行一开始就充满性价比，何乐而不为呢？同样都是乘机，自然是选票价便宜的飞啦！这里再强调一点，票价便宜，并不代表飞机本身又破又旧，很多新兴航空公司的飞机都是世界一流的。例如印尼 Lion Air 航空公司，去年第二季度，再次向美国波音公司订购了22架737—900延伸航程型(ER)客机，按目录价格计算价值高达

17亿美元，而此家航空公司也是全球首家订购737-900ER的航空公司。首架737-900延伸航程型(ER)客机于2006年8月8日出厂，国内首家订购此机型的是深圳航空公司。

　　具体做法是如果从上海出发，可以考虑先飞到马来西亚，由于马来西亚是落地签证，想出机场就出，不想出就在机场转机直接飞到巴厘岛；这样飞的话比上海经由新加坡飞到巴厘岛，机票价格要便宜；而且在新加坡机场，如果事先没有签证的话，只能在机场里闲逛，不能出机场。

　　如果从北京出发，可以考虑先飞到雅加达，或者广州等南方城市，经由雅加达转飞到巴厘岛。这两点之间有很多航班可供选择，行程2个小时45分钟，如果购买方式合适的话，二三十美元就可以买到一张两地之间的单程机票。

　　如果从广州、深圳、香港等地出发，既可以考虑通过马来西亚中转，也可以考虑雅加达中转，两者机票价格应该都不贵，工薪阶层完全可以负担。具体的飞行线路，到时候可以比较不同的航线组合，由资深的国际旅行顾问帮助设计，找出最佳性价比的线路。

1. 持有中华人民共和国护照前往印度尼西亚，可以在雅加达机场或者巴厘岛国际机场获得落地签证。7 天的落地签证 10 美元，30 天的 20 美元，护照要求具有 6 个月以上的有效期，非常简单方便。

2. 印度尼西亚的国内交通以飞机为主，印尼国内航空公司众多，而且很多都是低成本航空公司，如果选择到正确的购买渠道，提前购买机票，会得到意想不到的价格。如果在机场订票（不推荐），需要到 TERMINAL1，印尼几乎所有国内航空公司都在这里设有服务中心。鹰航和巴达维亚航空公司的柜台则设在了 TERMINAL2，两个候机楼之间可以在机场外搭乘免费的接驳巴士。如果对机场不熟悉的话，建议提前一点时间抵达，以免误机。

3. 很多航空公司提前订票可以享受很多的折扣，部分航空公司要求必须首先拨打他们的服务中心电话，先在系统内预定好位，之后才能享受价格低廉的机票。如果直接在 TERMINAL1 拿票，肯定要多掏银子。

第三章　新加坡

"海纳百川，有容乃大"

站在船头，沐浴着温暖的海风，望着蔚蓝色大海上来来往往的巨轮，一种无比惬意的感觉顿时涌上心头，旅行真的很美丽！

30分钟之后，时尚漂亮的新加坡港湾中心就进入了我的视线。

这座处于东南亚交汇处的"花园城市"对我来说并不陌生，10年前当我第一次踏上这片土地的时候，就被她精英治国、勤奋高效的氛围所吸引。虽然那个时候的心情很凄苦，但旅行途中的快乐使我暂时忘掉了失恋的痛苦，并通过那次旅行，使我开拓了眼界，义无反顾地怀着一颗破碎的心，踏上了英伦求学之路，由此翻开了我人生的新的一页。(详细内容请见《3000美金，我周游了世界》一书)

弹指一挥间，10年的青春岁月已经过去了。回想起在这10年之中，我也由一名留英学子，高级白领变成了一名创业者，这样的变化连我自己都没有想到：

1999年，放弃了一家世界500强公司高薪职位，远赴英国留学；

2000年，在紧张的学习之余，周游了法国，德国，意大利等欧洲国家；为后来的环球旅行打下基础；

2002 年在以色列"哭墙"

《3000 美金，我周游了世界》
被大英图书馆，剑桥图书馆双重馆藏

90

2001 年，获得英国理工大学 MBA 学位；同年在英国进入一家世界 500 强公司；

2002 年，自费 3000 美金周游了世界 28 个国家和地区，首次提出了头脑旅行，信息旅行的概念；

2003 年，出版了自己人生中的第一本作品《3000 美金，我周游了世界》；同年该书被世界著名的大英图书馆，剑桥图书馆双重馆藏；

2004 年，作为中国的唯一演讲嘉宾，在香港举行的"世界旅游博览会"上面向全球上千名旅游界，航空界专业人士演讲；

2005 年 3 月 10 日接受美国哥伦比亚广播公司独家专访

2005 年，出版了自己的第二部作品《3000 美金，我周游了世界之我如何获得 40 国签证》；接受了包括美国哥伦比亚广播公司，香港凤凰卫视，中国中央电视台在内的全球千家媒体专访；

2006 年，在 IBM，上海宝钢等世界 500 强公司演讲，完成了包括北京大学，复旦大学在内的全国 100 所大学公益演讲；

2007 年，获得首轮风险投资，启动创业梦想；同年"兆瑞环球网"获得"2007 年中国十大隐形行业冠军"；

2008 年，"海纳百川，有容乃大"，期待更多的精英加入，将普通中国人环游世界的事业做大做强……

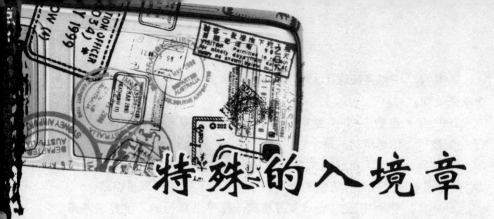

特殊的入境章

迄今为止，我已经踏上了世界将近80个国家和地区，呵呵，可能是因为偏爱寻找便宜机票的缘故吧，所以至今还从来没有从海路进入一个主权国家的经历。站在设在港湾码头的新加坡移民局柜台前，看着护照上盖好的这个特殊的入境章，着实还让我激动了半天。

大厅很简朴，人也不是很多，迅捷通过移民海关检查之后，就进入了经过重新命名的新加坡港湾中心，也就是之前的世界贸易中心。一般我们入境一个国家之后，总是先安顿好住宿之后才开始游览，这一次似乎很特殊，我们并不急于先回酒店而是迫不及待地拉着行李直接来到了目前新加坡的最大购物和娱乐商场——"Vivo City"，中文名字叫怡丰城。

坐落在港湾中心的这座白色流线型的摩登建筑真的很有吸引力，整个建筑的结构不是以传统的层层楼面切割空间，而是空间与空间衔接成流线的体验，使来往人流有如水里飘来游去的鱼儿，既像涌动的海浪，又像飘荡的风帆，将活动和流动的概念，融入空间与钢筋水泥结构里，其时尚感连附近的"圣淘沙"也自叹不如。这是自然主义派建筑家在新加坡的第一个作品，也是目前新加坡最具设计美感的商场之一，它的设计者是世界级建筑大

师——日本人伊东丰雄。

进去之后，我不得不感叹新加坡真不愧是购物的天堂，还没有到其最著名的购物街——ORCHARD RD(乌节路)，眼前的这个建筑就已经让我眼晕了。在几百万平方米的巨大空间里有包括 Cold Storage 和 The Body Shop 品牌在内的无数零售商铺和生活中心，很多品牌在国内还不多见，比如说英国的 TED BAKER、法国的 NAF NAF、西班牙的 PULL & BEAR 等。里面每一个店铺的设计都很精巧别致，让人们在充分享受到购物乐趣的同时，体验一种

独特的生活方式，达到视觉和心
里上的双重满足，给所有
人带来惊喜。

　　这里绝对上称
的是把世界精品集
于一堂了，连深
受新加坡人喜欢
的"诗家董"，也
第一次走出"乌
节路"，分店开在
了这里的一楼。二
楼除了有电器店、玩具
店外，还有漂亮的喷泉和
目前新加坡规模最大的电影
院，与马尼拉一样，影院正在同步上映
《10000 B.C.》。三楼则有空中屋顶和水池以及很多美食店，宠物店，逛
累了在这里吃一顿或者来份冰激凌，也是种不错的享受。付款的时候，
别忘了出示护照，当场即可得到 5% 的退税，从而不用再到机场办理。
尽管这里的价格与香港相比，并没有太大优势，但观赏一下也还是值得
的。三楼还有直通圣淘沙的"捷运"，到沙滩站下车（3 新元单日往返）
可去观看著名的水幕电影 "SONGS OF SEA"（6 新元，19:40 和 20:40
两场），很是方便。

　　视觉和味觉在这里得到充分的满足之后，我们起身出发搭乘新加坡 MRT 地铁，前往位于乌节路上的新加坡基督教青年会 YMCA 酒店。(Metropolitan YMCA Singapore,60 Stevens Road Singapore)

　　新加坡地铁系统相当发达，乌节路、牛车水、小印度等主要的旅游景点都能抵达，所有的车站都用英、中两种不同的文字进行标识，所以不懂英语的人乘坐也不用担心迷路。地铁的不同线路用不同的颜色进行标识，简单明确，让人一目了然。在新加坡在公共场合里大声说话是非常让人鄙视的，也是极其不礼貌的，所以 MRT 的车厢里面虽然像个联合国，哪里的人都有，但是人们都很安静，聊天时基本都是小声交头接耳，不会出现大声喧哗、抢座的现象。而且这里的地铁不允许吃东西，喝水和带榴莲，否则要被罚款 500—2000 新币。关于地铁的相关资讯，可以从新加坡旅游局提供的各种免费地图中得到。虽然新加坡各种交通工具一应俱全，但与伦敦、纽约一样，出行最方便的交通工具还是地铁。

　　与上海地铁不同的是这里的车站窗口只帮助兑换零钱，不进行人

工售票，所有的车票都必须在自动售票机上自行购买，在机器上购票的最大面额纸币只能是 5 新币。单程车票每次都要收 1 新币的押金，投币的时候要在票价的基础上多投 1 新币，才能出来一张磁卡，而且每次只能一张一张的操作，这一点明显不如上海地铁方便。如果是第一次买地铁票的话，估计还真得要先琢磨一下。退押金的时候也是要一张一张的退。所以真要是有什么着急事儿的话，比如去樟宜机场，还真得要打点提前量，否则很可能就耽误事了。

难道还怕露宿街头不成？

　　出国之前，我要办的事情也一大堆，加上新加坡本身就是一座旅游城市，从经济型的小酒店到现代化的高级酒店多如牛毛，而现在又是旅行淡季，我们也仅住一个晚上，所以对预订新加坡酒店的事我也没太在意，都飞到马尼拉了，我才上网查看。结果因为时间太近，所有的酒店都不接受预订，只能到酒店去碰运气。这一点也难不倒我，按照网址所写直接就将酒店的地址电话写在了本子上，难道还怕露宿街头不成？

　　新加坡基督教青年会 YMCA 酒店交通位置很方便，新加坡管理大学、南洋美术学院、新加坡艺术和历史博物馆以及亚洲文明博物馆等都在其附近，除此之外，距离"莱福士"广场等购物中心走路即可抵达。这也是本次东南亚之行中，我们唯一一次计划入住的青年旅馆。在东南亚这个区域，新加坡的青年旅馆从安全性和硬件条件来讲还是非常不错的，不过，在这个区域的其他国家旅行，我自己还是愿意选择入住星级酒店，从安全性，价格等各方面条件来说"性价比"

A World of Wonders
UNIQUELY SINGAPO

还是相当不错的。

从 Dhoby Ghaut 车站出来，因为行李的原因，我们直接打个车就去酒店了。没想到，今天的运气还真是不好，全部客满，一个房间也挤不出来了。

回到车上，只能继续再找酒店，谁让自己没有做好准备呢？转了附近的几家酒店，不是价格太高，就是条件不好，总之没有合适的。就在我从一家酒店垂头丧气出来的时候，出租车上的印度司机说话了："我带你们去看一家既便宜又干净的酒店。"晕，我心里想着，怎么不早说，既然如此，那快去吧，要不没准儿又转圈了。

从哪里找来的美女

司机所说的这家酒店，就是新加坡经济型连锁酒店"HOTEL 81"，坐落在距离 Kallang 地铁站不远的"芽笼"。和我们国内很多经济型连锁酒店一样，这家酒店也是用老房子改造而成，酒店的外表看起来一般，前台也没有国内星级酒店那样气派。想想也是，经济型酒店嘛，豪华之后还能叫经济型吗？

　　一推酒店的门，人还没完全走进去，刺鼻的香水味道就差点把我熏晕。进门一瞧，立刻怀疑自己是否走错了地方，进了当地一所模特学校？10 多位美女此时正面带春风站在前台旁边，个个都不含糊，火辣辣的目光全都朝我直射了过来，这一下反倒让我不好意思起来，目光不敢对视人家。走过了世界很多地方，我还头一次有点丈二和尚摸不着头脑，被这么多美女盯着看，难道经济型酒店正在启用美女充当礼仪小姐？

　　虽然没有看见有人拿着预订单办理，但酒店生意真是出奇的好，前台有很多客人在等待办理临时入住手续。趁着办理入住手续的空挡，我仔细地打量起大厅里的这些客

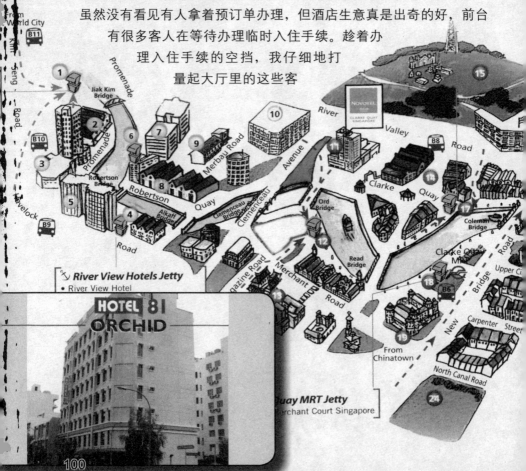

人。他们与一般旅客还真不一样：一是这些客人们都是一对对年龄相差很悬殊的男女；二是美女们穿的比较暴露不说，个个还都特别年轻时尚，有的看起来像是学生或者白领；三是这些客人清一色的没有任何行李，男女都如此，一点儿也看不出是出差在外的样子。他们是做什么的？我心里嘀咕着。

在疑惑中我拿着钥匙进了酒店的电梯，这电梯可真够古老的了，不仅古老的可以，地方也小的可以，和我上次在开罗时乘过的电梯差不多，让我怀疑自己是否在新加坡。除了我们两个之外，电梯里面又塞进了一位60多岁的老头和一个穿着紫色迷你裙，皮肤白晰，修长高挑，长发飘飘的漂亮MM。看这位MM的装束，穿着性感但不失高雅，非常有品味和气质，一看就是位精英人士。如此近距离接触，直视了她一眼后，我硬是没敢再看第二眼，实在太美了。闻着她身上的香水味，我心里直犯嘀咕，这老头子真是艳福不浅，从哪里找来的美女，让人羡慕和妒忌！

收拾完毕，洗漱利落之后，肚子也开始抗议了。刚出酒店门口，差点让我跌破眼镜，此时外面的巷子上也不知从哪里冒出了几百个貌美如花的姑娘，一个挨着一个站在小巷的两边。这一下，即使我再笨，刚才的一切也什么都明白了！

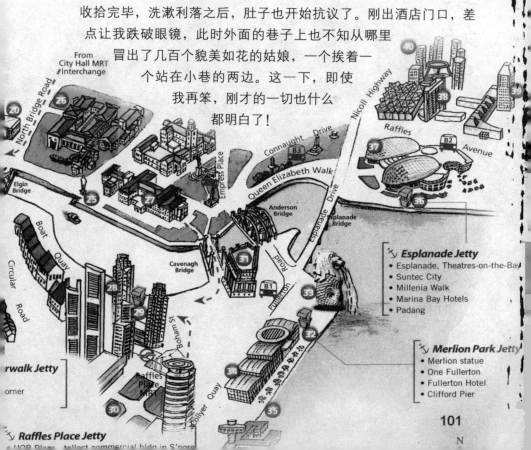

101

最好的投资——让你的孩子学好中文！⑧

新加坡这个很小的现代化都市国家，似乎一眼就可见其全貌。然而用心观察一下这座干净的花园城市，又似乎每一个角落都在折射着她独特的魅力。这里既有如诗如画的旅游景点，也有多姿多彩的多元文化；既有高档时尚的购物场所，也有经济实惠的大卖场；还有四通八达的交通服务和各种各样的美食、娱乐。想买便宜的可以去 TOPAYO，想买贵的可以去乌节路的义安城；想看电影既可以去 SUNTEC CITY，也可以去 BUGIS；想吃黑胡椒螃蟹吗？那就去 LAOBASA 或者 NEWTON 吧；想去看美女？那自然首选 SINGAPORE RIVER 旁边的酒吧了！

正是由于其不断引进人才，积极发展科技、教育和经济，融合了东西文化的精粹，加上优越的地理位置，才使新加坡在短短数十年里迅速崛起，成为了东南亚经济的代表。新加坡文化的特征就是拥有多元的种族和宗教，各族之间也在共同的空间继续交融、磨合。近年来，大约有 30 万中国大陆优秀的专业人才选择移民新加坡，在传媒、金融、商业、高科技、教育、文化等不同领域为新加坡做出了卓越贡献，也分享了新加坡经济的繁荣。在刚刚结束的北京奥运会上，虽然在乒乓球女子团体赛中新加坡队以 0:3 负于中国队，但是一块奥运银牌的诞生填补了新加坡奥运奖牌 48 年的空白，而这其中就有来自中国姑娘李佳薇的功劳。这位被誉为新加坡乒乓女队的"一姐"，还是北京奥运会新加坡代表队的旗手，她就是新移民中间的代表。

当天晚上，在新加坡的电视上又见到了吉姆·罗杰斯（Jim Rogers）先生。这位大师就是令东南亚国家闻风丧胆的"量子基金"的前合伙人之一，一边环球旅行一边投资的国际著名投资家和金融学教授，《Forbes》、《Fortune》)、《The Wall Street Journal》以及《The Financial Times》的长期撰稿人。

罗杰斯生生在电视中几次提到他特别喜欢中国，他说："19 世纪是英国的世纪，20 世纪是美国的世纪，21 世纪将会是中国的世纪。"记得去年他来北京时曾跟我说过，为了给他 5 岁的女儿创造一个良好的中文环境，他正在上海、香港、台北、新加坡等几座华语城市进行选择，没想到今天在这里听到了他的决定——他成为了新加坡新移民。节目的最后，当电视台主持人问大师，能否给新加坡民众一个投资建议时，让人没想到的是，大师给出的并不是投资哪支股票，而是告诉所有在电视机前的新加坡民众，最好的投资是——"让你的孩子学好中文！"

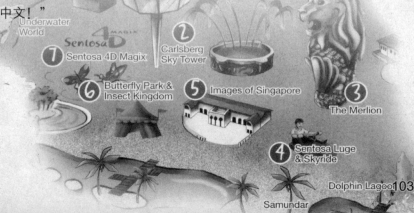

世界原来是如此的
美丽和广阔！

新加坡樟宜国际机场和新加坡航空公司一样，在全球享有很高的声誉，这个全球列第六位、繁忙的亚太地区航空枢纽，绝对是新加坡人的骄傲。这里不仅是连接澳洲和欧洲的传统中转点，也是前往南非、印度、中东的重要航空枢纽，被誉为现代空中的"马六甲"。

樟宜机场同时也是新加坡最大的商场，在整个新加坡的商场中销售额排名第一，被市民公认商品价格低于市区，其重要的卖点就是"购物和美食的理想机场"。时间如果允许的话，既可以到 1 号终端的热带雨林 LOUNGE 和 2 号终端 PLAZA PREMIUM 进行有氧运动，享受健身服务，又可以前往 1 号终端的 3 层，躺在机场的泳池里看飞机起降，也许别有另一番情趣，没准儿还能看到世界上首架交付使用的空中客车 A380，其首飞的航线就是新加坡——悉尼！住在中转酒店的客人可以免费享受，否则一次性交纳 13.65 新币，也同样可以享受这一乐趣。当然对于时间紧的客人，也可以在其网站上购物。

随着世界航空业的发展，越来越多的航空公司使用这里进行起降，这也意味着有越来越多的航空公司加入到竞争中来。航线的密集和航空公司的增多，为消费者提供了极大的空间和时间上的便利，从新加坡前往世界各地的机票有时也会便宜得让大家大跌眼镜。就在我写这篇文章的时候，我顺手查看了一下最近从这里起飞的机票价格：飞往印尼、印度、泰国、菲律宾、马来西亚和澳门，便宜到连 10 元人民币都不用；飞往我们中国的广州和厦门和飞往澳大利亚的机票价格一样，149 元人

民币！当然这些价格不含税和其他费用，尽管如此，这些价格也足以让人跌破眼镜了。

有时候，当我看到如此廉价机票的时候，内心里马上就有了一种想飞的冲动。看自己写的《699美金飞遍新东欧》时就在想，要是再年轻几岁飞出去，该有多好啊！世界如此之大，能多飞出去看一看我们这个美丽的星球，我们这个五彩斑斓的世界，也许我们的价值观、我们的生活、我们的未来就因此发生改变。

也许，在我们飞出去之前，总是有这样那样的顾虑。是的，没错，语言，签证，金钱也许都是阻碍我们出去的问题，但真正阻碍出去的其实不是这些，恰恰是我们自己，是自己缺乏勇气和激情！是自己的懒惰和懦弱！不是吗？是的，就是这样！当我们要出去的时候，这样那样一堆的借口，哪一种不是自己找出来的？其实当我们勇敢地迈出第一步的时候，会发现世界原来是如此的美丽和广阔！我们年轻的脚步同样可以走得很广很远！在开拓自己眼界，吸收西方文明的时候，也同样把中华文明带给了世界！中国要强大，首先就必须和世界接轨，必须和世界交流和沟通，只有通过更深的交流和沟通，人与人之间，国与国之间才能产生更大的理解和信任！才会让这个世界更和谐。

年轻的新一代新加坡人，几乎每一个人都有周游世界的经历，新加坡在这方面已经为我们做出了典范，相信在不远的将来，我们国内的每一位年轻人也能把自己的足迹印在世界各地！让我们一起努力！

TRAVELS

附录：

航空篇：

作为全球第一家拥有空中巨无霸 A380 客机的新加坡航空公司和新加坡樟宜国际机场，绝对是新加坡的两块金字招牌，为了巩固这两块金字招牌和不断增强它们的竞争实力，新加坡政府为此下了不少功夫，也采取了很多措施来应对周边国家对这个亚太航空枢纽地位的争夺。政府除了积极扶持本地航空公司之外，还鼓励相关的航空公司大举进军包括中国在内的世界航空市场，最典型的案例就是新航与淡马锡控股联手收购中国东方航空公司 24% 的股权，虽然最终双方没有达成协议，但从中也能感受到新加坡发展航空枢纽的决心。按照新加坡总理李显龙的话说，"新航掀起了航空业的新浪潮"。

航班和航线增加的同时，也意味着航空公司相互之间竞争会更激烈，服务会更好但机票价格会更低廉，这将为乘机人出行带来很好的选择空间和获得更大的经济利益。如果从北京出发直飞新加坡，不考虑钱的因素的话，最舒适的乘机选择一定是新加坡航空公司，因为他们从 2008 年 8 月开始将 A380 调到这一航线上，坐在全新的豪华客舱之内享受新航一流的服务，本身就是一种很好的生活方式。当然如果既想节省 MONEY 又想节省金钱的话，津巴布韦航空公司可以考虑一下，乘坐在这家来自非洲航空公司的机舱里，也算是一次全新的履行体验；不过非常遗憾，虽然这家航空公司票价便宜，但并非天天都有航班，只有周六才有。国航和印尼的鹰航也可以考虑，如果觉得大约3000元左右的票价还是太贵的话，那就可以考虑先飞到深圳或者广州进行转机了。飞到这两个地方，一般提前预订的话机票可以拿到3折，甚至2.5折，之后再从这里或者港、澳转乘其他航空公司飞往新加坡。在写本书的时候，我查到最便宜的票价为28元人民币，不过这需要提前一个月预订，但是请记住，这个价格与本书中提到的所有机票价格一样，是不包括机场税和燃油费的这部分的费用在内的，目前随着国际原油价格的持续攀升，这部份的费用也越来越高，甚至已经远远地高过了机票本身的价格，对于这一点，提请大家还是要注意一下。

从上海出发的话，可以先到杭州，之后经马来西亚中转，最便宜的机票仅仅99元人民币，比上海到杭州机场的大巴还便宜1元钱；从成都出发的话，可以先飞厦门、广州，之

后与北京或者全国其他城市飞到南方几个城市或者港、澳一样，再转飞新加坡，最便宜的机票149块钱人民币一张，绝对惊喜！

巧妙利用新加坡航空枢纽：

正如前文所写，新加坡是亚洲最重要的航空枢纽，很多从欧洲飞往澳洲的航班，都会选择在新加坡经停，虽然最近出现了一个非常强劲的竞争对手——迪拜，但是在近几年之内，相信还没有理由不对新加坡看好。

除了可以利用新加坡这一点，乘坐传统航空公司的飞机飞往非洲、欧洲、美洲、大洋洲实现周游全球的梦想之外，利用这一区域新起的低成本航空公司，也同样可以很轻松地实现自己的目标，而所花费的金钱会更少。利用这个跳板，向南飞可以前往澳大利亚的帕斯、达尔文等城市，再从这些城市接驳前

往悉尼、奥克兰、斐济等国家和城市；向西可以飞抵新德里、孟买、泰姬陵等这些大家熟悉的地方，参观这些地方之后如果还有时间和金钱的话，可以继续飞往马尔代夫、毛里求斯、迪拜等国家；向北穿过新加坡和马来西亚的边境，就是马来西亚的边境城市——新山，从这里有很多航班飞往马来西亚的许多城市，机票相当有诱惑力，有时甚至低至1元人民币，比直接从新加坡飞过去那可便宜老鼻子了，更重要的是这些线路毕竟算做马国国内航班，连新加坡的机场税都省了。当然，除了飞往马来西亚之外，利用新加坡这个航空枢纽还可以很方便地转飞到诸如印度尼西亚、泰国、越南等亚洲国家，除去机票的便宜之外，航班的选择也是非常便利的。

关于新加坡签证：

其实，如果单独去一次新加坡，性价比未必很高，还要拿出时间去办理签证。一个比较好的方法是利用在新加坡转机的间隙来体验新加坡，可以根据自己的实际情况，选择24小时、48小时或者96小时停留，这些时间差不多也够好好体验一下新加坡的风情了。同时为了吸引更多的国人利用新加坡这个航空枢纽转机，新加坡政府也出台了一些便利条件，使持有中华人民共和国护照的转机人不用签证，也可以走出机场，最长停留96小时，当然实现上述条件的前提是乘机者必须持有有效的美、加、澳、新等发达国家的签证和机票。

如果一定要办理新加坡旅游签证的话，最好的方法是直接去使馆面签，没有必要网签。因为网签的话一是需要新加坡人的担保，而是还要提供当地人的签名和身份证号码，比较麻烦，所以不建议采用。签证新加坡时，要将包括身份证在内的资料都复印一下，否则就要到附近的复印店挨"宰"。如果有 VISA

金卡，将正反面都复印一下即可，不用特意到银行开存款证明。由于签证的人很多，建议还是早去一点为佳。签证费 102 元，最好带上 2 元纸币，签证处不设找赎并且不收硬币，当天上午 10:30 之前送进去，下午即可以取出。领取签证时一定要注意，签证处下午 4:45 准时收关，一分钟也不会通融，如果晚到的话只好隔天再来领取了。在得到任何签证时，都要仔细核对签证上面的相关信息，核对无误后再请离开，如有任何错误请立刻告知使馆人员纠正。

TIPS:

1. 新加坡樟宜国际机场有 4 个候机楼，分别是 T1、T2、T3 和 "Budget Terminal"。前三区来往以机场轻轨连接。如果乘坐的是低成本航空公司的航班，乘坐地铁 E4 线抵达樟宜机场之后，在第二航站楼的地下层换乘免费 BUS 前往 "Budget Terminal"，大约 10 分钟车程左右，一定要预留出时间。无论是哪个候机室，里面都可以免费上网。

2. 新加坡樟宜国际机场购物的主要商场均在 1，2，3 号候机楼。如想购物，需提前抵达，以免误机。

3. 在新加坡机场前三个区里，就数 T2 区的店铺和餐厅最多。一走进 T2 航站楼便能看见灼灼兰花脉脉流水，绝非人造景观。而且机场里不少的室内活动都是免费的，包括上网、Xbox 游戏区、24 小时电影院，以及多部脚底按摩器等。

4. 乘坐新加坡航空，凭登机牌就可在樟宜机场约 30 多个购物点和食肆享有折扣优惠，详细单张可在客户服务站索取。转机时间如超过 5 个小时，可以在旅客咨询中心报名参加免费的新加坡观光 BUS 游，不过只有下午 4 时 30 分的那班才有中文导游，其他时段都是英文。

第四章　越　南

新加坡空姐的美丽

樟宜国际机场的管理很人性化，在机场没有再交纳任何费用就直接登机了，诸如离境税等相关费用在购买机票的时候，都随机票一次性交纳了，这倒省了机场的兑换麻烦。可能是让我再一次记住美丽的新加坡的缘故吧，这一段航程，让我倍感亲切的是新加坡空姐全程一直是在用中英文服务，感觉这架航班是飞往中国。

　　飞机是全新的空客 A320，与我平常乘机时所见的不同，机上的空姐统一穿的全是裤子，而不是裙子。不过这丝毫没有掩盖住她们亭亭玉立，举止端庄的小家碧玉型气质。除了华人空姐之外，机上也有其他民族的姑娘为大家服务，可能与接近赤道，受辐射较多的缘故有关吧，与国内航空公司空姐相比，她们的肤色感觉要稍微深一点，而国内的空姐们大都肤色白皙，身材修长，五官精致，举止优雅，显得高贵和矜持，其美丽程度应该是超过新加坡空姐的。

　　虽然新加坡空姐没有国内空姐的高贵和矜持，但在整个行程的服务中，她们亲切随和的服务态度却给我留下了深刻的印象。在机上填写入境单的时候，有一个问题需要解答，一位空姐竟然在我的侧前方单膝跪地仰着头轻声回答，这种将乘客奉为"上帝"的服务意识顿时让我肃然起敬，而这种职业素质的背后，相信正是她优秀服务意识的体现。大部分人在生活中还仅仅把职业作为其谋生的手段，能在自己从事工作的过程中，意识到责任和使命，则是职业素质更深层次的体现；再进一步，如果能把职业视为实现人生理想、体现自我价值，那就是更高的境界了，这样的人才是可遇不可求的。社会需要的正是这样的人才，千千万万的企业需要的也正是这样有素质的人才，这样的人才也是最难寻求的。与优秀的人才一起努力，帮助更多的普通国人实现环球旅行梦想，是我最大的愿望。

"美玉"
之称

　　对于越南，我想大多数国人可能和我一样，怀着一种复杂的心情，千年以来，在这块从安南变迁成交趾支那，最后成为越南的土地上，其传统和现代到处浸润着华夏文明，寄托着无数人的爱恨情仇。下午两点不到，我们抵达了这座位于湄公河三角洲东北侧，有"美玉"之称的西贡机场。机场很新，也没有上海浦东机场的奢华，乘客不多，很安静，比雅加达和马尼拉的机场硬件设施要好多了，在东南亚地区应该也算是座不错的机场了。

　　出机场大门右走不远，就是其国内候机厅。在其前面的广场上，我们找到了152路公共汽车，直接开往市内有名的经济酒店一条街"范五老街"，票价3000越南盾，合人民币还不到2块钱，真是便宜！

Vietnam
The hidden charm

HO CHI MINH
City

FREE Copy

车况很一般，与新加坡一
比，立刻差了一大截。开
出去的时候乘客还不多，
过了两站后就开始人山人
海了，而此时我已沉浸在
西贡的浪漫味道中了。

"小资们"最向往的旅行目的地

　　这是一个值得用生命中几天的时间，洗涤身心、感受悸动的地方；这是一座受到中国和东南亚其他国家交互影响与融合，富有历史韵味与文化底蕴的地方；这是一个被浓浓的法式风情和乡土气息融合包裹在一起的地方；这是一座城市"小资们"最向往的旅行目的地；这是一座宛如一个微笑的舞娘，使每一个旅游者都能感到回味的地方；这个地方——就是西贡，现在的胡志明市。本着对越南人民的尊重，现在实在应该摒弃西贡的旧称，改叫胡志明市了，但我还是喜欢叫它西贡，这个名字对这个城市来说有着太多的记忆，伴着无限的期待和一切想象，也许《情人》里那情窦初开的惊鸿一瞥和永失我爱的漫长忧伤，就是描述这个城市的最好用词吧。随着《西贡小姐》在全世界演出的成功，其令人震撼、感人肺腑的情节也同这个名字一样，牢牢地被人记住，至今不能让

人忘却。也就是这个地方，身处其中的
时候会让人感觉美得让人摄人心魄，过
后依然回味无穷，不能忘怀，也许这就是
西贡的魅力吧。

　　西贡是个充满矛盾和谐的地方，一部法国人的杰作——杜拉斯的
《情人》和一部百老汇的经典剧目——《西贡小姐》，就是我来之前对
它的所有印象，而这里也恰恰是这两种殖民文化的产物。少女美好的
初恋和美国大兵的回忆，这样的爱情故事自然让人陶醉。从十八世纪
起法国人的进入，神秘的东方色彩与西方的浪漫风情，两种文化的撞
击犹如茶和奶的混合，便成了今天我们见到的一杯醇厚的奶茶。

　　如今法国人已成了过往云烟，但西贡依然有着无法解开的法国情
结。一幢不经意的法式建筑、一杯口味醇厚的越南咖啡，都使得这个
有东方小巴黎之称的城市，拥有了欧洲城市的古朴与浪漫。虽然很多
法式建筑的外墙由于常年风雨的洗刷，留下一道道黑色的水印，有点
残破、透着沧桑，但仍能看出初生时的高贵，市内的几家高级酒店就
是由这样的老建筑改建而成。

股市拦腰折断

　　事过境迁，
这座亚洲新兴的
极具商业价值的越
南第一大都市，魅力 依然不减，
正在利用各种机会积极融入国际社会。越南的
第一个世界级时装设计大师，第一个高尔夫球俱
乐部，第一个股票交易所都诞生在这里，很多最
新来自纽约、伦敦和巴黎的期刊在西贡街头随处可
见。今天越南的经济速度更是让世人惊呼，其在金
融、通讯领域的开放程度甚至都超过了中国，而且
发展速度很快，后劲也足，包括中国 TCL、美的
在内的很多世界公司纷纷在这里建厂投资，在过去
的 10 年中，越南经济的平均增长率维持在 7.5%，去
年则达到了 8.5%，其经济增长速度目前在亚洲仅次于中
国。前西贡市委书记阮明哲先生，之所以能以 94% 的高赞成
票当选越南国家主席，很大程度上因为在他任上，西贡经济的快速发展，他
功不可没。

　　但是越南的快速发展也面临着通胀的威胁，长期以来越南为了保持经济
的高速增长，对于物价上涨水平一直保持较高的容忍度。2007 年越南国内
的通胀率就比经济增长率高出了 4 个百分点，今年 5 月更是达到了 25.2%
的恶性通胀水平，创出了 13 年以来的新高，在 17 个亚洲国家中排名第二，
仅仅低于斯里兰卡的 26.2%。越南证券交易所指数从 2003 年 10 月 21 日的
133 点上涨到了 2007 年 3 月 12 日的 1170 点，涨幅达到了 780%，不过从
2007 年 10 月 3 日，在短短 8 个月的时间内，该指数从 1106 点下跌到了 368
点，目前又反弹到 560 点。股市如此，房市也不可能好到哪里，目前西贡
中心的房价较去年底，有些已经跌了一半以上。人们开始把钱从银行取出
来，转而换成美元或者黄金甚至人民币。现在全球很多国家都在承受高通

胀的压力。印尼 2008 年的通货膨胀率可能大幅升至 11.5% 至 12.5%。泰国 2008 年全年的平均通货膨胀率约为 6.3%，而使而核心通货膨胀率为 2.5%，但仍然高于 2007 年的平均通货膨胀率 2.3% 和核心通货膨胀率 1.1% 的水平。新加坡 7 月份消费者价格指数较上年同期上升 6.5%，6 月份升幅为 7.5%，6 月份通货膨胀率达到 1982 年以来最高水平。而菲律宾 8 月份通货膨胀率是继 1991 年 2 月以来的最高值，既高于前一个月的 2.3%，更高于一年前的 2.4，这使得今年前八个月的平均通货膨胀率达到 8.8%。

尽管存在这样的危机，但 "MASTERCARD" 发布的 "消费者乐观指数" 中西贡的排名，还是远在新加坡和香港之上。到高级饭店吃顿饭的价格和上海差不多，很多对外国人开放的高级场所，本地豪客反而占了不少。其强劲的经济增长势头和丰富的旅游资源，依然吸引了无数人的热情和好奇，每天都有来自世界各地的客人光顾，无论是来投资还是度假抑或是怀旧。

只管瞻前，不必顾后

高低错落的建筑隐没在满城的绿树里，越往市内走，越是有很多新建筑不时映入我的眼帘，那是林立的购物中心、豪华的写字间，在这些高档的建筑背后，又有数不清的低矮平房，延伸在破旧不堪的小巷子里。街边的小酒吧与咖啡馆里，不同肤色和脸孔的背包客夹杂在越南人中间络绎不绝，国人引以为荣的5000年文明，在这个颇西方化的城市似乎也没有找到落脚点，我们正在上升的经济成就，更是在这里没有看到一点儿影子，一路所见的广告牌，不是三洋、松下，就是诺基亚、摩托罗拉。这让本来还期盼能够在越南找到一点民族优越感的我，不免深深失望，看来我们的国货还是没有给人一种品牌的信心。算了，不去想这个了，还是去探询历史的长河，看看在这个城市究竟沉淀下怎样的妩媚与哀愁吧。

　　快到市中心了，街头涌动的摩托车流逐渐增多了起来，慢慢汇成了一片海洋，使我们的汽车都成为了陪衬。从主干道到非机动车道，从英姿勃发的青年到白发苍苍的老者，五光十色的摩托拥塞其间，其场面蔚为壮观，真不愧是"摩托王国"。在车流人海中，最亮丽的风景就是那些清纯时尚的美女摩托手了，她们大多戴着一顶太阳帽或棒球帽，手上戴着长及手臂的手套，再用一块方巾，对折成三角，遮在脸上，以阻挡前面摩托的尾气，只露出一双明眸，或者干脆再戴上一副太阳眼镜，手中还拿着移动电话，酷得令人心动。尽管气温高达几十摄氏度，却没一个人穿短裤或裙子的，清一色全是牛仔衣裤或"AODAI"（越南的国服）。在所有的摩托大军中，我没有发现一个人戴着头盔和护具，也许摩托车在他们眼里就是跑得快的自行车。更多的摩托车连后视镜都没有，骑摩托者只管瞻前，不必顾后，绝对考验人的车技。

不是一晚，是两晚！

　　车到范五老街（Pham Ngu Lao）时，我们下车了。这条"范五老街"在整个西贡甚至整个东南亚都相当拥有名气，是著名的"背包客"天堂，也是西贡旅游的核心区域。在这个不大的区域里，不同档次的酒店、餐厅、网吧、咖啡馆、旅行社和各种 24 小时便利店分布其中，是很多人到达西贡的第一站。

　　这里的酒店规模都不大，一家挨着一家，其实每家的价格相差也不是很悬殊，最重要的是要亲自看房，这一点非常重要。即使在同一家酒店，每个房间的条件也是不一样的，所以最好的方式就是不要预订（节假日除外），直接到酒店现场验货，丰俭由人。这里的前台 MM 们都很热情有礼貌，只要进去说看房，没有一个不热情招待的。如果相中了满意的房间，

再回过头来好好和 MM 商量价格，问清楚价格中是否包含早餐或者可否免费上网，至于最后多少钱成交，呵呵，那就要看个人魅力了。我个人的经验选择房间时还是住稍微高一点的好，否则晚上酒吧的声音会让人一夜无眠。很多酒店都没有电梯，所以要是行李太重的话，可以请越南小伙子给搬上去，当然最好是付点小费，不过没有零钱也没关系，他们也都很愿意帮忙，要是实在没有小伙子的话，呵呵，那就自己扛吧。

　　经过四五家酒店的火力侦察，最后我选定了一个 2 层的带空调和 24 小时热水的大房间。这个房间干净整洁，还带有窗户，阳光也很好，让我非常满意，是我所看的这几家的房间中最好的。而旁边的房间又小又窄，别说阳光了，连窗户都没有。房间我是满意了，接下来就是价格了。

　　西贡人 95% 以上的市民有海外关系，每年光是海外越侨汇回的资金就高达 40 亿美金，异国通婚在这里更是家常便饭，所以大部分年轻人用英语讨价还价或者交流没有任何问题，这一点比我之后抵达的河内强多了。当然当地很多人也能讲中文，随着与中国交流的日益频繁，越南来华学习的学生数量也越来越多。前台 MM 先是要价 25 美金，她哪里知道俺可是做国际采购出身的，"砍价"自然不在话下，三板斧下去，37 美金成交，还包免费早餐和上网。不过对不起，这个价格不是一晚，是两晚！

感悟了自己

  曾经是东南亚最浪漫城市的西贡，露天咖啡屋和各种时尚的精品屋散落在市区的各个角落，满街的居民屋也漆着鹅黄、粉红、粉白、等各种颜色，屋前房后种着的各种绿色植物，开出五彩斑斓的花朵，充满着法国遗风，让我仿佛置身普罗旺斯。走在西贡曲折的小巷里，才知道什么是西贡骨子里的情调。市区的主要景点总统府旧址、圣母大教堂和市政府办公大楼、邮政局等都带有浓郁的西贡的情调，也注定带着法兰西的气质，无怪乎吸引了全世界的人们来此感受。

  走在西贡的街上，既可以感受到这座城市的拥挤，拥挤到汽车和摩托车好似钢铁洪流，让人几乎没有走路的空间；又可以体验到西贡人生活的悠闲和缓慢。这个永远不慌不忙的城市，不管男人女人，总是穿着拖鞋步行，或骑着摩托车从容地向目的地驶去，从他们骨子里透出的永远是一份休闲与满足。走在越南的小巷，看着周围微笑着的人们，好像时间的沙漏也放慢了沉积的脚步，每一个旅游者似乎也有一种久违的轻松，也许在这座城市里打发时间最好的方式就是随便走进一家书店，保证呆上一下午都不知道疲倦；或者去精致的越南手工店和杂货店，为找到一些价廉物美的特别小玩意儿乐此不疲；或者临近傍晚时，干脆走进一家路边到处都是的别致咖啡店去品尝一杯原汁原味的法式咖啡，让自己浸到浪漫的咖啡文化中。当年法国人在统治这块土地的时候，将法式的文化和法式的生活习惯也通通植入了这块土地中。今天，虽然法国人已经远去，但很多老人仍保持着过去的许多生活习惯，就如对咖啡的那份异乎寻常的喜爱和执着。他们喝咖啡时，要用蒸馏的干净咖啡壶，在底部还要紧紧地压上一层咖啡粉，上面加上水，这时水就会一点点渗透过压得紧密的咖啡粉，然后通过一个出口一滴滴地滴落到杯子里。这样制作咖啡特别耗时，经常需要一个小时的时间才能得到一杯，口味自然香醇浓郁。这样的做法今天在巴黎可能也找不到了，但西贡的越式咖啡名声却形成了。HIGHLAND'S COFFEE 就相当于越南版的"星巴克"，在越南的很多城市都有连锁，里面的环境也很舒服，1 美元就可以喝到正宗的越式"滴漏咖啡"。

　　总而言之，走在街上，时时刻刻能触摸到这个城市的脉搏，感受到它的激情与律动。也许我们苦苦找寻的异国情调，此刻已经不再具体，而是渗透在城市里的每一个角落，和不同文化融合在一起。旅行让我们在不知不觉的行走中感悟了自己。

MAJESTIC

因为汇率的原因，我们并没有在机场兑换太多的越南盾，虽然西贡大部分地方收美金，但毕竟也有不收美金的地方，所以还是要换一些在手上比较方便，比如说买点小物件什么的就不能用美金了。在西贡这座永不停歇的城市里，我已经按照之前所使用的老方法，分别在逛街的同时进入了三家经济型酒店询问价格，但汇率和"范五老街"的一样，给的都不令我满意。其实在西贡银行给的兑换率是不错的，可惜这个时候银行已经下班了，只好去寻找还在开业的兑换点。不知不觉间已经走到了西贡最繁华的1区，旁边不远处就是家5星级酒店，之前，在国内5星级酒店给我的印象都是兑汇率不理想，但既然现在遇见了，那就进去碰碰运气吧，顺便也参观一下越南5星级酒店的卫生间，在里面留点纪念。

虽然酒店外面有成群乞讨的儿童，但进得门来，仿佛进入了一个纸醉金迷的世界。酒店的奢华程度绝对不亚于电视剧《5星大酒店》里面的场景，上流社会的绅士淑女们在这里来来往往，轻声慢语。也难怪这里人多，由于越南旅游业的快速发展，星级酒店长期供不应求，现在西贡的4～5星级酒店入住率高达85～90%，在东南亚国家中名列前茅。按惯例几乎所有酒店的汇率兑换表都会挂在前台醒目的地方，所以我进来酒店也没客气，直奔主题，1（美元）:16000（越南盾）。在前台小姐迷人的微笑中我按捺住内心的惊喜，兴冲冲地掏出了钱包，

就这儿换了!

　　来越南之前，就听说越南人是古时越国人的后代。我知道那时的越国包括现在的江苏苏州、镇江一带，都是出美女的地方，苏女自古就善感而美丽多情，这也是大家公认的。可能是有着良好遗传基因的缘故吧，眼前的这位西贡前台小姐长发飘飘，皮肤白皙，轮廓明显，身材玲珑，眼神充满散漫忧郁，那种回眸一笑百媚生的姿态，至今依然让我难以忘怀。

　　"先生，请问您的房号？"小姐在接过我递过去的100美金，绵声细语地问我。

　　"房号？"当时我就一愣！没在这儿开房啊，哪来的号？

　　可能是看出我的尴尬了，小姐微微一笑，"没关系，一会您想起房号再过来好了，我们这里只为住店客人服务。"

就在这儿换了吧

从酒店出来，又走了一段，路边的小店一家挨着一家，从鲜花到传统的手工艺品；从咖啡屋到便利店，应有尽有，但还是没有看见换钱的地方。正想着呢，一家经营赫赫有名的越南国服 AODAI 的服装店出现在了我的眼前。真巧，我对越南的国服正好奇呢，"裳者，如衣之长扬也，垂于边际。"这是咱们古书中对越南国服的形象描述。索性进去欣赏一下再询问一下换钱的地方，一举两得。

越南的国服 AODAI 可是越南女性独特的传统服饰，由上衣和裤子组成，通常以丝绸类质料轻盈软薄的布料裁剪。除了手工精细考究外，还相当讲究穿着的身段，因此每个人穿起来都非常合身好看。这种已成为越南国服的传统服饰，上衣像中国的旗袍，长至膝盖，只是胸部勒紧，透明面料中透出丰满的胸部轮廓，两侧腰收紧，从腰部开叉，特意露出一段洁白的侧腰，引人注目；下身配一条白色或是同花色的裤子，这样不论蹲、坐、骑车都很方便，裤脚足有喇叭裤的两倍宽。女孩子穿上它，娇小玲珑，苗条挺拔，娴静中透着不羁，将越南女孩娇小的身材衬托得极其优美。

这家店好像已有七八十年的历史，店内陈列的样品色彩艳丽，还配有精致的绣花，很有越南民族特色。一看价格，可能全是手工缝制的缘故吧，不算便宜，每套在

300—1000 元

之间。尽管如此，店内依然门庭若市，看

得出生意不错。接待我的是一位和蔼可亲的中年女士，和

大部分越南女子一样，她的眼睛很美，双眼皮，长长的睫毛，脉

脉含情，温柔异常，脸上恰到好处的淡妆使她显得高贵大方，很有气质。

问明我的来意后，她非常热情地告诉我隔壁的"金店"就可兑换。

金店也做兑换汇率的生意？看见我有点怀疑的眼神，她微微一笑，把我送

进了隔壁的店才离开。虽然我没有看见任何兑换外币的标志，但说明来意后，柜

台里的小姐爽快地给了我们 1:15500 的兑换价，这可是除了 5 星级酒店之外，今

天报给我们最优惠的价格了，比那些经济型酒店和"范五老"街上给出的汇率都

要好。既然如此，还犹豫什么，就在这儿换了吧。

旅游局的「第二职业」

兜里揣了155万现金，感觉马上就不一样了，走出金店大门的时候，我精神百倍，毕竟现在俺可是百万富翁了！沿街继续前行，过一个十字路口，突然我看见了"越南旅游局游客中心"的牌子。心中一顿狂喜，赶紧招呼王斌，这儿地可一定要去。在国外，很多国家都在机场或者主要的旅游景点或者市中心建有这样的服务中心，除了向世界各地的游客提供面对面的帮助、解答任何问题外，还有很多免费的资讯提供，包括地图租车和酒店预订等信息。有的国家甚至还提供免费上网等服务，可以说它是旅行者在异国的家。

里面装修得很温馨，也很有越南的民族味道，人也不是很多，很安静。当看见里边有许多精美的画册地图、旅行线路推介、酒店名片

卡等一大堆资料时，我的两眼立刻放光，谁让俺是做旅游网站的呢，这些可都是第一手资料，宝贝啊！带回国之后，放在网站上，大家就可以分享这些资讯了。正当我磨刀霍霍，准备大干一场时，这时门开了，走进来一对非常年轻的日本女学生。

对于日本学生在全世界做自助旅行，我可并不感到惊奇，在欧洲、美洲、非洲和大洋洲我都遇见过许多。这次东南亚之行一路下来，遇见的几乎都是来自日本的、韩国的、或者欧洲的、美国的在做自助旅行，除了在吴哥窟碰见过国内不多的白领进行自助旅行之外，这一路再也没有见到过国人自助旅行。想想也没关系，这个意识会一点点培养起来的，尤其是奥运会后，国门会更加开放，3 年，5 年之后，在世界各地自助旅行的人，最多的一定就是我们中国人。

但今天让我惊奇的是他们的年龄好小啊，最多就是初中生，真没想到，日本的初中生都出来周游世界了，而我们的许多大学生至今连护照还没办过呢，真是差距啊。此时，只见她们径直走到服务台前，

"请问您可以帮我兑换 100 美元吗？"

"当然可以，请稍等。"

听到她们的对话，我心里当时吃了一惊，走过了世界很多国家，还第一次看见旅游局的游客中心有兑换货币的业务，这可让我没有想到。

循着声音，我向服务台后面的汇率板望去，上面显示今天美元和越南盾的兑换比率是：1:16000。

看到这里，差点儿没心疼死，我的 5 万块啊！

"我认识你，永远记得你。那时候，你还很年轻，人人都说你美。现在，我特来告诉你，对我来说，我觉得现在你比过去更美。相比你年轻的容貌，我更爱你现在备受摧残的面容。"

《情人》

这是法国当代著名女作家、剧作家和电影艺术家玛格丽特·杜拉斯在她七十岁时发表的自传体小说《情人》里面的文字。

《情人》以刻骨铭心的沧桑感叙述了一个法国少女与中国富家子凄凉动人的爱情故事。1929年，在西贡的湄公河边，一个法国少女等来了一位令她终生难忘的"中国情人"，他抑郁而含蓄，大胆且深情，他们爱得如醉如痴，却最终无法长相厮守，只能抱着

终生的遗憾了却这段感情。这样的爱情，是女孩心甘情愿的。这样的结局，是女孩无能为力的。故事写下开局的时候，就已经开始残酷的等待，等待分离。在书里他是如此爱她，不能停止不爱。多年以后，当她年迈色衰，容颜老去时，他依然说我爱你，我不曾忘记过你……黄昏时分，当我在越战期间各国记者最喜欢呆的CARAVELLE HOTER第十层的"SAIGON SAIGON BAR"里，重新翻开《情人》读到这段文字时，心灵就像打开了一扇时间的窗户，感受和意境与我第一次阅读它时已经不能同日而语，令我震撼。

　　酒吧环境优雅，浪漫迷人，在悠扬的钢琴曲中，这里绝对是观赏西贡美景的最佳地点。在靠窗的位置上，点了"Morning，Saigon"这款很有西贡特色的鸡尾酒，另一款是"Miss Saigon"。品着微苦的酒味，呼吸着浓浓的湿气中带有的淡淡伤感的空气味道，让自己完全沉浸在故事的忧伤和哀怨之中："法国贫穷的少女，十五岁半的身体像一朵洁白的花朵，在静静的湄公河岸绽放。那静默的河水，像情人的守望和眼泪。那个略显拘谨的中国男人从他的老爷车上缓缓走下，他的眼睛里写满的，是女孩子单薄的身影和身后那片广袤的河畔……"

　　这本小说一经出版，就打动了千百万读者的心，立即被译成各种文字，面向全世界发行，至今在世界各地已售出 250 万册以上，并在 1984 年获得法国文学的最高奖项龚——"龚古尔文学奖"；1986 年又获"里茨—巴黎—海明威奖"，是"当年用英语发表的最佳小说"；10 年之后，作者去世。1991 年法国著名导演让·雅克·阿诺（Jean-Jacques Annaud）将这段故事搬上了银幕，著名影星梁家辉出演了片中的男主人公。这部影片随后同时获得了第 65 届奥斯卡奖最佳摄影奖提名，和第 18 届法国"恺撒奖"最佳音乐奖，并获这个奖的最佳外语片、最佳摄影、最佳剪辑、最佳服装设计和最佳产品设计奖提名，在法国受到了广泛的好评。

　　读了此书，也许才会对欲望和爱情有一个更深的体验。几乎我们每一个人都有过失恋的经历，时间是最好的良药，可以抚平伤疤和一切，然而伤痕和味道却永远地留在了心底。我们在人生的旅程间

行走，遇见一些人，彼此
相爱之后，又彼此分离，
不得不用很长的一
段时间去遗忘对
方，然后一切又
归于平静；却在
很多年以后，依然
发现掩埋在心底的痕
迹是那样的清澈，往事
依然如此清晰，那些气味、
感觉依然还在心底，只是当时
尚未触摸。

　　明天，我决定前往湄公河。

Love,
Beverly Hills xx

湄公河

　　"我从汽车上走下来。我走到渡船的舷墙前面。我看着这条长河。我的母亲有时对我说，我这一生还从来没有见过像湄公河这样美、这样雄伟、这样凶猛的大河，湄公河和它的支流就在这里汹涌流过，注入海洋，这一片汪洋大水就在这里流入海洋深陷之处消失不见。这几条大河在一望无际的平地上流速极快，一泻如注，仿佛大地也倾斜了似的。"上面这段话就是杜拉斯笔下对湄公河的描写，湄公河在我们中国境内就是大家熟知的澜沧江。

　　世界第六大河也是亚洲第二大河的国际河流澜沧江，发源于我国唐古拉山北侧的扎纳日根山脉，全长4880公里。在我国境内长2161公里，它带着我国青藏高原的冰雪、云贵高原的泥土，从云南勐腊县南腊河口244号界桩处出境后，改称湄公河，流域面积达81万平方公里。湄公河的名字是缘于泰语"迈公"，意为"万河之母"之意，流经缅甸、老挝、泰国、柬埔寨、越南5个国家，最后在西贡附近注入汹涌澎湃的蔚蓝色太平洋。

　　湄公河汇聚了我国及其他国家的泥土，一路奔来，每年在入海口处为越南增加79米的领土。这一水系孕育了世界上最丰富的淡水鱼类生态系统，年捕获量高达180万吨，价值14亿美元，鱼类多样性在世界大江大河排名中仅次于亚玛逊河流域，为世界上最大的内河淡水渔业。同时，它的下游孕育了世界上最大的粮仓——湄公河粮仓，全球的四大米市均分布在湄公河畔。今年9月1日，作为全球大米价格基准的泰国大米，报价每吨700美元，不知道这个消息对于两岸的人民来说是利好还是利空？

去湄公河我们既可以自助游，也可以参加当地旅行社组织的湄公河游览，其内容有一日游、二日游和三日游三种可供选择，在我们所住的酒店就可以预订。对比了一下旅行社提供的服务内容和价格，我们决定参加旅行社组织的"湄公河一日游"要远比自己去划算，省心省力，花钱也不多，价格仅8美元。当我旅行到国外一个城市之后，首先会进行综合比较是自游行好呢，还是参加当地的旅行团好？这两种方式对我来说都可以接受，还是那句老话，看"性价比"如何。像我在第一本里所写的"倒贴钱的5星级酒店"就是参加当地旅行团的结果。在当地参团的最大好处是，客人来自世界各地，价格也明码实价，很多情况下也没有购物一说，尤其在美国、加拿大，由于参加旅行团的基本都是当地住户的亲朋好友，所以价格也相对公道，极少有什么不太好的事情发生。

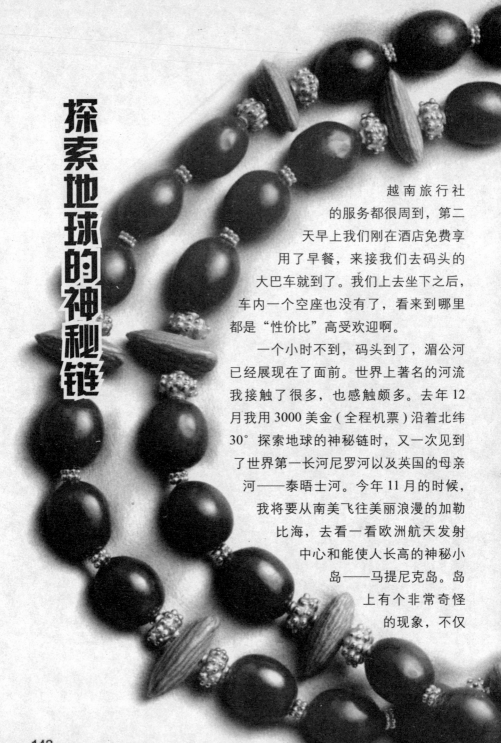

探索地球的神秘链

越南旅行社的服务都很周到，第二天早上我们刚在酒店免费享用了早餐，来接我们去码头的大巴车就到了。我们上去坐下之后，车内一个空座也没有了，看来到哪里都是"性价比"高受欢迎啊。

一个小时不到，码头到了，湄公河已经展现在了面前。世界上著名的河流我接触了很多，也感触颇多。去年12月我用3000美金（全程机票）沿着北纬30°探索地球的神秘链时，又一次见到了世界第一长河尼罗河以及英国的母亲河——泰晤士河。今年11月的时候，我将要从南美飞往美丽浪漫的加勒比海，去看一看欧洲航天发射中心和能使人长高的神秘小岛——马提尼克岛。岛上有个非常奇怪的现象，不仅

当地人一个个身体
高大，1.90 米以上，就是
新到岛上定居的外人，哪怕已经长高
的成年人，也会毫不例外地长高几厘米。所
以，对于河流，我有种敬畏之情，她们几乎都是
人类文明的发源地。无论是英国的泰晤士河，还是
发源于德国的多瑙河；无论是我们中国的长江还是印
度的恒河，她们都像一条蓝色飘带蜿蜒在地球上，哺
育出了人类灿烂的文明。

　　眼前的湄公河河水已变成泥黄色，还有些垃圾
漂在上面，显得有些脏。河水不算汹涌，但是自
有一种气势。宽阔的河岸两旁，全部是密密麻
麻的房屋，高高低低，错错落落。很多越南
渔民就生在这里，长在这里，浑黄的湄公
河水养育着他们，作用一点儿也不亚
于泰晤士河、多瑙河、尼罗河对
两岸人民的贡献。河水奔腾
不息，永不疲倦，卷着
从不改变的燥热顺
流直下，直至
入海。

越南"沙家浜"

　　我们的导游是一个典型的越南男子，身材比我还瘦，皮肤黝黑，穿着一双凉鞋，连袜子都没有穿，可见西贡普通人的生活水准并不是很高。小伙子很热情，看的出他很热爱这片土地，一直都在用他那不太标准的英语，向我们介绍着这里的一切。船小，我们一车人只好分成两船，他也只好在湄公河上两条船

之间换来换去，将同样的话再说一遍，力求让每一位客人都满意。

　　有"东方多瑙河"之称的湄公河河网稠密，在里面穿行就如同进了迷宫。窄窄的河道两旁是高高的水草和东倒西歪的树木，有时要移开小河道上横架的小板桥，或者把沼泽里的野草压倒，船才能通过。水边肥壮的水浮莲比人还高，浓荫密布，阳光从高高的树梢上射进林子，四周一片寂静。从水下钻出来高大的海底椰、半个椰子浮在水面上随波逐流。河道两旁偶有一两间草棚，据导游讲，这是当年游击队的指挥部。当年越共的游击队就常在这一带与美军周旋，美军多次扫荡也拿藏身于这里的游击队员没有办法，干脆想点把火全部烧掉，最后还是没有烧成。整个故事听起来简直就是一个越南版的"沙家浜"。

147

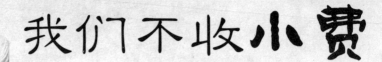

我们不收小费

　　午饭是在河中央小岛上的一个鸟语花香的院子里吃的，传统的越南农家乐。吃得不错，饭后还有水果，并有免费的"斗鸡"表演，不过饮料可是收费的，主人一开始拿一些易拉罐让大家挑，很多人还以为是免费的呢，其实想想总共我们才交了9美元啊，扣去这顿午餐，往返一小时码头的空调大巴钱，陪了我们一天的船工钱还有上岛时坐的"驴吉普"，我真想不出旅行社能赚什么钱？

　　村子里房前屋后如同一个巨大的天然热带水果园：菠萝蜜、木瓜、椰子和一大堆我叫不上名字的水果，应有尽有，果实累累；果树后边则是阡陌相连、一碧万顷的稻田。所有这些与树间的吊床，悠然吃草的牛羊，河口上的小店和没有装饰的木屋构成了一幅安宁平和，让人陶醉的原始田园风光。虽然由

于改革开放，成群的游客现在蜂拥而至，但我遇见的每一个人都非常平和地做着手中的事，没有人吆喝着更没有人强卖东西给游客。与我们国内相比，这里比我们国内很多地方还要贫穷，但对待游客对待生活的态度两者截然不同，也许归根究底还是素质吧。

也许是湄公河给这里带来了丰厚的鱼米，这里的生活充满安逸和祥和，与西贡的躁动和繁华完全相反。每一个小店都是可以在桌边小坐，喝点茶水尝些点心，桌子上的糖果还是免费品尝的。我注意到，这里从划船的到开店的，要么是女士要么就是半大的孩子或者年龄大的男人，就是没有见到年轻的男子，一番了解之后，我才知道他们都到城里的工厂去做工了。联想到最近有很多媒体报道，世界 500 强已有多家公司落户西贡，随着越来越多国外公司的进入，不知道再过几年，这里是否还会像现在一样安逸平和？

当我们结束了一天的行程下车时，我把 2 美元的小费放在了小伙子手中，没想到，他把手给我推了回来。"谢谢您，先生，我们不收小费！"

149

看美女俊男最好的选择

入夜的西贡霓虹闪烁，游人如织，摩托车更是到处飞驰，要过马路不等上 10 分 20 分钟就是幸运。走在西贡的大街上，随处可见世界各地的背包客，也许此时此地正是他们内心深处一直想要寻找的梦想。

昨天刚到西贡的时候，我就特别惊讶怎么有那么多路边小店的招牌上都写着 ××COM 或 ××PHO。当时看到满街都是这几个字的时候，我就特别犯晕，一个劲地检讨自己战略失误，找风险投资都没找对地方。因为之前只是听说印度的 IT 业很发达，为此我还特地去考察了一次，没想到越南这地儿更发达，几乎达到了"5 步一哨，10 步一岗"的水平，满城都是 IT 互联网公司。既然到处都是 IT 公司，估计这儿的 VC（风险投资）也应该到处都是。所以，应该到这儿来创业，到时候一堆的 VC 就该上门了。这个世界我相信缺的永远不是钱，而是好的商业模式和人才以及对事业的执着，这才是最重要的。所以犯了这么大的一个战略错误，我绝对要检讨。后来再仔细一观察，不对呀，怎么从这些公司出来的人个个都打着饱嗝，满嘴流油呢？再一瞧，知道了，这哪是什么 IT 互联网公司啊，整个就一小饭馆！这 PHO 可不是什么电话公司，而是面条或者米粉的意思；而 COM 的越文意思就是米饭，这两种食物可是我们越南同志最基本的正餐主食。如果在路边看到"COM"这几个字母的话，那是"小吃店"的意思，全文是

"QUAN COM BINH DAM" 一般店内都会供应各种炒肉，蔬菜和汤等已经做熟了的品种，类似于我们国内在饭店里面吃的"盒饭"。价格非常便宜，1 美元就能吃得很好，不过，也要注意选择，有的小店卫生条件不敢恭维。如果想吃河粉的话，越南最大的河粉连锁餐厅 PHO 24 应该是个不错的选择，物美价廉不说，卫生环境也是不错。

要说这西贡可是个物美价廉的"美食天堂"，既受我们中国饮食文化和周边东南亚饮食文化的影响，又因有法国殖民统治的历史背景，被注入了欧洲美食文化，久而久之就形成了自己独特的东西方饮食文化。走在西贡大街上，到处可以见到改良过的"法国面包"，这可是用传统木材火炉烤制而成的，很多法国人现在法国都吃不到了，里面再夹着自制的鸭肝或者冻肉，配上生菜，恨不得让人每天都想咬上一根。越南菜总的来说是酸辣爽口，就如穿上国服的越南高中小姑娘。讲究的是一种精致，每一个装饰、每一次卷裹，都能看出厨师手法之细致。风味小吃从盐水煮就的极香嫩玉米到直接扔在炭火里烤出的鱿鱼片，都令人百食不厌。像我们熟知的"越南春卷"、"甘蔗虾"等更是不能错过。西贡最好的餐馆都集中在 Dong Khoi Street 和 Nguyen Hue 以 及 Hai Ba Trung 街上，Vietnam House（越南屋）和 Lemongrass 是老布什、克林顿曾经去过的餐馆，如果经济条件 OK 的话，去品尝一下也是不错，很多餐厅比巴黎的餐厅装修得还要漂亮。用餐之后，如果还有时间，现代启示录 (Apocalypse Now) 酒吧是看越南美女俊男最好的选择，或者前往 CARAVELLA 楼上，去做个越式的 SPA。全套包括脸部保养，全身以及脚部按摩，美发化妆等，价格在 50—300 美元之间，不过，真要去的话，一定不要忘了提前预约。

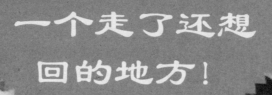

一个走了还想
回的地方！

　　不过，对我来说，还是在背包客聚集区范五老街来解决肚子问题可能更实际。在 PHAMNGULAO 道至 BUIVIEN 道之间小小的街区里，这样的"IT 公司"和"电话公司"是一家挨着一家，家家生意都不差，店店都是人山人海，一句话，火！肚子早就提出抗议了，看着路边如此众多的"公司"，饥肠辘辘的我，真有点挑花了眼，不知道去哪家"公司"下嘴。我总想着吃一些以前没吃过的越南特色小吃，所以既然有此爱好，也只好先委屈一下肚子了，容我慢慢来找。正找着呢，在一家"公司"门口，还没进门，就被吓

得差点摔倒，一只全身花皮的"雨林蛙"正挂在厨房的门口朝我眨眼睛呢！

晕！看到如此景象，我还是改吃点"顺眼"的吧。在一家小店里，扣在一只青瓜里的河鱼配着吸入鱼汤鲜味的瓜肉成了我的美味，外加一碗著名的"越南牛肉粉"和一瓶"西贡啤酒"（虽然不能喝酒，不过，还是象征性地尝了一点）。这越南"牛肉粉"的做法可有讲究，首先是将一大块精黄牛肉加上各种作料后下锅煮熟，之后切成薄薄的小片，再将米粉在开水锅中烫后，最后再加入牛肉片、牛肉汤和各种调料，吃起来别有一番风味，美味无穷，反正我是一碗连汤带肉全部都给"报销"了。

凌晨时分一觉醒来，窗户对面的酒吧里依旧灯火通明，连门前的一列椅子上也坐满了人，此时如果想去恐怕找个位置都不容易。路边小摊的生意依旧红火，一身短装的红男绿女们相依在摩托上穿梭而过……

也许，这就是西贡，一个妖娆暧昧的城市，一个走了还想回的地方！

比国内差老鼻子了

飞机早上 9 点起飞，飞了快两个小时了，即将降落越南首都河内了，我还迷失在西贡的味道中，这的确是一座值得好好品味和回忆的城市。

一开始在做线路设计的时候，曾经考虑过从西贡直接穿越泰柬边境，8 个小时左右的时间，就会抵达柬埔寨的首都金边（8:45 开车，12 美元），从金边再坐 6 个小时的车（7 美元），闻名世界的吴哥窟就到了。大巴如果觉得还没有坐够的话，继续向前就是曼谷了。在查阅相关资料之时，就知道这条线是很多国际"背包客"的首选。应该说此线的前半部分还算可以，

155

Open Tour Bus

路和车至少都是柏油马路和空调大巴。后边那两段就不好说了，路况极差不说，当地大巴上的空调也时好时坏。在东南亚高温几十度的情况下，坐在一个没有空调的大巴车内，车外还尘土飞扬，运气再不好的话，车窗又少了几块玻璃，那这个旅程可是够遭罪的了。时间长不说，车内的味道肯定也好不到哪里去，折腾下来，估计我也没有力气继续下边的行程了，直接就在泰国天天"泰式按摩"了。

这种旅行方式可不是我想要的，更何况这样做，也未必真省钱。若再加上时间成本和屁股的辛苦成本，这"性价比"实在不高。还有如果这样走的话，河内我也甭想去了。而对于河内，这座与西贡从城市风格到生活方式都完全不一样的城市，可能是小时候《血染的风采》这首歌听多了的缘故吧，一直都对它充满一种复杂的情感，我不想放弃。

在解决如何从西贡到河内的交通问题上，我的选择也与常规选择不同。越南领土像个拉长的"S"形，即两头阔中间窄，最窄的地方仅有 50 公里，整个国家形状特别像一根竹棒挑着两个稻米篮子。从南部的胡志明市到北边的河内，如果走陆路的话会经停岘港、顺化、会安等几大城市，全长 1700 公里左右；坐特快火车的话也要 30 多个小时，票价 70 美金左右；如果坐大巴的话全程下来时间只多不少。这里要多解释一点，从胡志明市到河内，很多国外的旅游者乘坐的是当地著名的，也是很多自助旅行者推崇乘坐的"Open Tour Bus"，并不是当地的长途汽车。

156

　　但我个人认为在越南旅行，一站一站地搭乘这种"Open Bus"，"性价比"并不高。虽然票价便宜，从胡志明市到河内根据不同的旅行公司，价格从 17 美元到 26 美元（差不多是当地长途巴士票价的 4 倍）；而且方便，沿途可以在自己想要停留的地方随意停留，然后再接着前行。但是越南城市与城市之间最短的一段行车时间也要 10 个小时，公路的状况还不咋地，比国内差"老鼻子"了。白天搭车浪费时间，晚上乘坐夜车简直就是一大折磨：在狭小的座位空间上，不仅要呼吸着自己和他人的汗臭味和其他说不清楚味道的混合气味，而且还要随时小心有可能自己被卖到其他公司的大巴上，好不容易熬到了半夜，想睡一会，可车内的空调又坏了，就这样走走停停，停停走走，直到蜷曲着满身臭汗从座位上热到天明。

　　既然如此遭罪，还是寻找一下便宜机票吧，又快又舒服。经过对东南亚区域航空公司的研究，通过对机票排列组合的计算，我最终设计出了胡志明市飞河内 46.55 美金这条航线，比火车票还便宜，尤其是当我发现从河内到曼谷这段机票的价格竟然是 0 美元时，真是欣喜若狂，简直就是国际机票的大设计师！这条线路立刻拍板成交：胡志明市——河内——曼谷——金边，全程三飞，票价总计仅仅 55.59 美元。

百花春城

从落地河内的那一刻起，我就明显感觉这座城市尽管是越南的政治和文化中心，但是与经济中心胡志明市相比，还是有巨大的差别。从机场到市区目前连高速公路都没有，据说还在修建中。我们乘坐的是航空公司提供的免费大巴，终点是离市内著名景点"还剑湖"（HOAN KIEM LAKE）不远的越航售票处。一路上从当地人们的穿衣上能明显感受到西贡比这里时尚了不少，这里的经济与我们相比应该也有 10－15 年左右的差距，整个城市中我很少见到国内常见的大超市，在马尼拉经常见到的 SHOPPING MALL，这里更是一个也没有发现。

其实位于红河三角洲，素有"百花春城"之称的越南首都河内，是一座拥有千年历史的古城。从公元 11 世纪起就是越南政治、经济和文化中心，所以又有"千年文物

158

之地”的美称。1831 年，阮朝的明命王在这里定都，见城市环抱于红河大堤之内，遂改称为“河内”，一直沿用至今。

河内分为内城和外城，内城历史上为禁城、皇城和京城所在地。京城环绕皇城，是街坊、集市、居民区。历史上李、陈朝时的 61 条街坊，黎、阮朝时的 36 条街坊，都集中在这里，现在俗称三十六行街。河内现在的很多街道仍在沿用过去的称谓，如棉行、糖行、皮行等。虽然今天大多数街道已名不副实，成了美食天堂，但有些仍保有当年的传统，成了行业聚集地，如皮行街全部卖皮货，鞋子一条街自然全是卖鞋的。下午我去这些街道溜达的时候，发现很多东西都来自于国内，属于低档次的商品，没有太多的购买价值。市内的主要旅游景点有还剑湖、西湖、巴亭广场、百草公园、独柱寺和玉山祠等。

河内的经济型酒店基本都集中在老城区，以 Hang Bac 和 Hangbe 两条街为中心的区域内有很多 Guest House，价格适中，交通方便，是很多旅行者聚集的场所。与胡志明市一样，基本货比几家之后，很快就能找到自己满意的酒店，我们这次住的还是 20 美元一晚，房间也非常不错，应该算是三星的标准吧。

"没有什么能比独立、
自由更可贵了"

还剑湖略呈椭圆形，环湖一周近 2000 米，环湖绿树成荫，环境怡人。经历代修建，其周边古迹甚多，湖心小岛上的龟塔、玉山祠、笔塔桥等均为著名建筑，是河内第一风景区。距离我们的酒店也不远，走路过去也不过 15 分钟。从酒店出来后，我们决定先去那里逛逛。

可能是位于市中心的缘故吧，湖畔周围聚集了好多高档酒店和商店，非常热闹。湖面很平静，湖水的清凉仿佛在给这个繁华的都市不停降温，温柔的水波也让忙碌的人们不由自主的驻足。在湖边闲坐的人中，各种肤色的人都有，有的在路边喝着啤酒，10000 越南盾一瓶；也有的在不远处的小店里享用着越南河粉，12000 越南盾一碗。

还剑湖的湖水清澈碧绿，湖的中央还有座建于 18 世纪的小亭，取名为龟塔。关于还剑湖的传说数不胜数，但基本大意都是当年李太祖获得神剑的经过及他是如何使用这把神剑抵抗中国明朝的侵略并取得成功的。湖心的岛上还矗立着一座年代久远的寺庙，有拱桥可以走过去，风景也是不错。湖东面不远处便是河内的心脏——巴亭广场，那是越南人民敬爱的胡志明主席 1945 年 9 月 2 日发表《独立宣言》的地方，在这里他宣布越南共和国诞生了。胡志明主席逝世后，他的陵墓也修筑在广场上，遗体也保存于此，供人们瞻仰。墓前的花岗岩石壁上镌刻着他的名言"没有什么能比独立、自由更可贵了"。

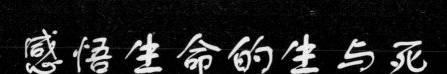

感悟生命的生与死

从胡志明主席陵墓往东六百米，就是成立于 1959 年 12 月 22 日的"越南历史军事博物馆"。

按照旅游书里的说明，博物馆里面展出了近代以来越法、越美战争的实物和图片。展品中包括曾经击落过 100 多架法国飞机的英雄高炮、在奠边府战役中击中法军指挥部的英雄山炮、第一辆冲进南越总统府的坦克、以及一辆当年在胡志明小道上运送物资的自行车。这车还按照当年的装载方式装上了粮食和枪炮等各种物资，我琢磨了半天也没想出来怎么能装这么多东西，牛，真牛，这绝对是我见过的最牛自行车！

博物馆的室外，越南人也"铸剑为犁"，把他们在战场上击落的美军飞机残骸拼装在一起，制作了一个既像纪念碑又像坟墓的现代艺术作品。在这个作品的正中，一张大幅的由美国摄影记者拍摄的彩色照片，绝对能够吸

引所有参观者的目光。画面上是一名身背步枪的越南少女在海滩上拖着被击落的飞机残骸在行进，而残骸上的美国空军徽记清晰可见。妙龄少女、碧海蓝天、飞机残骸，组成了一幅非常富有深意的画面。看到这幅画面，使我想起了周游世界时，在美国华盛顿特区所见到的"越战纪念碑"。

越南战争纪念碑于1982年11月13日落成，坐落在离林肯纪念堂几百米的宪法公园，是一座打破传统的纪念碑，已成为艺术史上不朽的标志。纪念墙壁平

面为一个平放的V字形，东翼指向华盛顿纪念碑，西翼指向林肯纪念堂，在几米高的黑色大理石碑墙上，刻着58000名在战争中死去的人的姓名。整个碑墙被置于大片草坪中，用绿地衬托碑体。设计师用两边高中间低的标高差形成的天然地形使碑文所铭刻的名字从两边向中间不断增多，使人由心底里萌生一种奇异的心理，具有无可抗拒的感染力。站在碑前，会发现每天都不断有阵亡者家属来到纪念碑前，在黑墙上寻找亲人的

名字，并用手在名字上触摸。墙下是献给亲人的鲜花、婴儿时代的照片、军功勋章、啤酒等，今天这里已经成为普通美国人展现悲痛和哀思的地方，成为美国首都华盛顿吸引参观者最多的纪念碑。

"一开始我就问自己，到底建'越战纪念碑'的意义是什么，尤其是一座20世纪的纪念碑的意义是什么？当宝贵的生命首先成为了战争的代价时，这些'人'无疑是第一个应该被记住的，因而这项设计的主体肯定是'人'而不是政治。只有当你接受了这种痛苦，接受了这种死亡的现实之后，才可能走出它们的阴影，从而超越它们。就在你读到并触摸每个名字的瞬间，这种痛苦会立刻渗透出来。而我的确希望人们会为之哭泣，并从此主宰着自己回归光明与现实。假如你不能接受这个现实，就永远无法从中解脱出来。所以一座纪念碑应该是'真实'的写照。首先要接受和承认痛苦已经存在，然后才有机会去愈合那些伤口。"这段话是纪念碑的设计者，中国著名的建筑大师梁思成先生和林徽音女士的外甥女，当年仅仅21岁的华裔——耶鲁大学建筑系女学生林璎（Maya Ying Lin）小姐自己的独白。当年她如此年轻的时候，就能深刻感悟生命的生与死，真令人敬佩。一场战争已经远去，两位主角反思战争的方式也是如此的不同，但不管方式如何，让战争不再，我想这应该是我们所有人的心声。

164

附 录：

航空签证篇。

　　越南主要的机场除了首都河内之外，就是第一大城市胡志明市（西贡）了。在近几年越南经济持续增长的带动下，越南的航空业也有了很大发展。除了越南目前现有 3 家航空公司之外，最近越南政府又新批准了一家民营航空公司成立，使越南的航空公司数量达到了 4 家。随着各大航空公司进驻越南，越南国内航空公司以及外国航空公司为了确保各自在越南航空市场的份额，已开始着手增加已有的航线和航班频率，这将使航空公司之间的竞争也日趋激烈，当然最终的受益者必然是广大的消费者。

　　由于越南政府对积极参与航空市场竞争采取奖励政策，目前经营越南航线的外国航空公司就已达 35 家之多，竞争最为激烈的航线依然是东北亚以及东南亚地区。目前经营中越之间航线的有中国南方航空公司、中国国际航空公司、深圳航空公司、上海航空公司、东方航空公司、越南航空公司等六家航空公司，随着中越之间人员交往的加强，中越之间的航线密度和目的地有望进一步拓展。从北京、上海或者广州可以非常轻松和方便地直接抵达越南的河内和西贡，我们唯一要做的事情，就是在购买机票的时候货比三家。除此之外，也可以考虑利用菲律宾、香港、马来西亚等国家和地区作为跳板，乘坐低成本航空公司飞机转机前往越南。在淡季的时候，同样可以买到不足百元人民币的机票，甚至更低。不过现在让人头疼的是随着国际原油价格的不断上涨，各家航空公司的燃油附加费也在不断上掉，而这一部分与离境税一样，是不能打折的，现在很多条国际航线上，这部分的费用已经远远超过了机票本身价格的几倍甚至几十倍。

　　除了上面所写购买传统的点对点机票之外，也可以考虑经由菲律宾、马来西亚等东南亚国家购买单程机票转机前往越南，这样一来可以避免走回头路。如果在越南的最后一站是河内的话，可以考虑经由陆路回国，越南的老街到云南的河口、越南的芒街到广西的东兴、越南的同登到广西的凭祥友谊关等都可以选择，回到国内之后再购买国内机票飞回出发地，也是种不错的选择，如果提前购票，现在国内各大航空公司的网站上，都会有不同程度的价格优惠。如果最后一站是胡志明市（西贡）的话，一是可以考虑经由陆路继续前往柬埔寨游览；二是可以考虑飞往曼谷、吉隆坡、马尼拉等城市，经由这些城市中转后飞回国内。具体的线路到时候可依据不同航线的价格进行排列组合，选择出适合自己的一条最佳线路。

　　越南目前对中国公民还没有提供落地签证，所以要从空陆进入越南的话，一定要提前办好签证。在越南驻北京、上海、广州、南宁、昆明等地的使领馆都可以直接申请个人旅游签证，手续非常简单：护照、一张大一寸彩色照片、申请表（可在越南大使馆网上下载或在使领馆免费索取）和 350 元的签证费即可。如果想当天拿到，再加 300 元即可。我去北京越南使馆办理签证的时候，里面空荡荡的，就我一人和里边一位和蔼的中年妇女，整个过程 3 分钟即告结束。

第五章　泰　国

0 美元飞泰国

　　早上 7 点钟离开酒店的时候，早上天空还飘着一点点的细雨，走出酒店，在街上找了一辆大出租车，直接前往内排机场。

　　去机场之前本来还想吃一碗河粉再走，可能是因为下雨的缘故吧，今天早上有一点点冷，这个时候如果能来碗热气腾腾的河粉，我想天下美食此时真的莫过于它了。可惜王斌一直在催促我，我知道，他还是有一点点不放心，因为今天这张机票是我们此行"299 美金飞遍东南亚"中最便宜的一段机票——0 美元！也就是说，我们除了交纳相关的 45 美金的税费后，一分不花就从这里飞到了 1000 公里之外的泰国首都曼谷，这个距离在国内，差不多相当于北京飞上海的距离，北京飞上海机票不要钱，谁信呢？而此刻，尽管空中飞行距离差不多一样，但机票的价格的确是 0 美元，而我们早上前往机场的出租费还花了 10 美元，这个价格还是我"砍"出来的，这么一比，我们乘坐的出租车真

可谓是"天价"出租车了。

　　机场的人不是很多，有点乱的感觉，硬件设施与西贡比也差了不少。办好登机手续，看着手里的登机牌，王斌似乎还是觉得0美元的机票有点不可思议，为了保险起见，也可能他怕中途被赶下飞机吧，又拉我去了一次航空公司柜台前再次确认。在又一次得到肯定的回答之后，他才放下心来。

　　这是一架全新的空中客车A320，由于不对号，自己随便选，我们便也没客气，挑了机上两个最好的座位——靠近紧急出口的位置。坐在座位上，把腿长长地伸直，透过机窗看着外面美丽的风景，心里这个美啊！拿着0美元的机票，坐着最好的位置，这买卖真好，爽！

428 瓶鲜橙汁
没了！

从空中俯瞰由当今泰皇拉玛九世御赐名的曼谷苏汪纳蓬机场（Suvarnabhumi Airport）——泰语的意思是"黄金土地的机场"，它的造型非常独特优美。走进机场，发现设施更是先进，机场通道两边悬挂的都是反映泰国历史文化的各种壁画、雕塑和照片，非常"泰国化"，让我们这些一踏进泰国土地的游客，立刻就能领略和感受到独特别致、又富于艺术魅力的泰国文化。

曼谷也与上海一样，有两座机场，除了这一座之外，还有一座廊曼机场，在曼谷的西北面，现在供泰国国内支线飞机使用。对于眼前这座机场我可一点儿都不陌生，去年12月份"3000美金周游世界之北纬30°神秘之旅"时，我就来过这里，没想到，3个月之后，我又一次踏上了这块土地。不过这次我可不像上一次为了赶时间办泰国签证，为此还在泰国驻北京大使馆办了加急，花了一大笔签证费不说，而且麻烦，还要去银行开一份10000元以上的存款证明。这一次，压根我就没想在国内办签证，直接到机场来办理落地签证，既快捷又方便还省钱。

下机后按照指示牌走不多远，就能看见移民局的柜台。先在柜台前的桌子上，拿一份签证申请表（免费），里面的内容不外乎就是姓名、护照号码以及在泰国的住址等等，特简单，填好之后和护照，一张2寸照片一起交到柜台，再让里面工作人员看一眼回程机票，旁边再交上1000泰铢的签证费，取一个号码牌，等上几分钟，听到叫自己手中的号码时，把号码牌子一还，护照拿回时，上面已经盖好了一个允许停留15天的签证，整个过程一句话都不用讲。

办理落地签证所需的1000泰铢签证费，如果兜里要是没有在国内换好泰铢的话，那只能和办签证旁边的银行兑换了。换汇的确是出国都要面临的一个大问题，换得不好，那损失可不小，而且还是白白损失，

捐款都不算。此时在曼谷机场，拿什么币种兑换泰铢，才能取得最大的收益呢？假设我现在用 7100 元人民币或等值的 1000 美元，7800 港币分别去兑换泰铢，看看哪一个币种换的泰铢最多？

货币种类	等值金额	汇率（曼谷机场）	所换泰铢	差额
人民币	7100	3.74	26554	0
美元	1000	30.83	30830	4276
港币	7800	3.95	30810	4256

通过上表对比，很明显直接用人民币在曼谷兑换最亏，与用美元兑换泰铢相比，4276 泰铢无声无息地就这样消失了。而在炎炎夏日的曼谷，街边一杯清凉无比的现榨鲜橙汁价格才 10 泰铢，就这样，428 瓶鲜橙汁没了！

TMB

Currency		We Buy Notes	We Buy TC	We Sell Notes
Mar 13, 2008 12:21:02 PM				
USD	U.S.A	30.830	31.320	31.870
EUR	Euro	48.190	48.450	49.420
GBP	England	62.580	63.230	64.500
JPY : 100	Japan	30.080	30.370	31.460
HKD	Hong Kong	3.950	3.970	4.130
MYR	Malaysia	8.970	-	10.520
SGD	Singapore	22.390	22.470	23.090
KRW	South Korea	0.026		0.039
JPY	China	3.740	-	4.830
TWD	Taiwan	0.780		1.140

呵呵，不过，手上如果真没有其他外币，也不用怕，这 428 瓶鲜橙汁也有办法不让它们消失：一是用国内发的"银联卡"直接在 ATM 机上取钱（要出海关才可以，没过关之前没有 ATM），在机场以及泰国很多地方都有"银联"的标志，根据各家发卡银行的不同规定，需要支付不同的手续费，汇率也还不错；二是在机场少换一点点之后，到市内的唐人街或者大的兑换中心去兑换，曼谷很多地方都有兑换店，比较著名的是 superrich，它在曼谷主要有 2 家分店。一句话，怎么换也比用人民币在机场直接兑换泰铢要合适得多。

真"假"出租！

　　泰国对我们国人来说并不陌生，她不仅具有悠久灿烂的历史文化，源远流长的宗教传统，同时也是一个微笑的国度，人民热情善良，乐于助人，素有"礼仪之邦"的美誉。所以在泰国旅行的时候，与泰人多交谈聊天，也是很好了解和感受泰国文化的一种方式。当然有时也难免会遇到一些不和谐的音符，小心谨慎地处理也就过去了。比如说我朋友上次在曼谷机场，就有一位穿戴特别整齐的人拉着一个很精致的行李箱对他说，钱包刚刚被偷，希望他帮衬个三百五百的，好买张机票，回国后一定奉还。说的时候一脸真诚，再递上一张精美的名片，上面还印的是某某大公司，让他不得不相信。结果回国很久了，也没有任何动静，按照对方留的名片打过去，根本就查无此人。

　　我过完海关检查刚出来，与上次一样，立刻就有一位穿着黄色制服的漂亮 MM 迎上来，特热情地询问是否需要出租车。这时候，如果我被眼前这几位泰妹的"糖衣"迷倒，把"炮弹"吃了下去，那基本我就死定了，啥也别说，掏钱吧，下车时至少会多花

2倍的打车钱。所以遇见这种状况时，不管对方是泰国美女还是埃及美女，我都一个劲告诉自己要镇定，镇定，全世界的美女都在中国呢，要看回国看，可不能在异国他乡被人给忽悠了，这买卖不做。

　　和颜悦色地刚刚抵抗住这位MM，往前还没走几步，又来了位美女。这次这位美女不推销出租车了，改推销她们旅游产品了。这位MM还真以为我是第一次来泰国，工作的敬业程度那叫我一个钦佩啊，我立刻都想把她给挖到北京来做客服，连猎头公司都不用，中介费都省了。接过她递给我的单子一看，纸上的名头还真不小，赫然写着"泰国旅游局"推荐的字样，都是一些泰国旅游产品的报价。细一看价格我就乐了，这手法也太小儿科了，我都来泰国好几次了，怎么会当"冤大头"呢？夜游一次湄南河，打完折还要收我1200泰铢，我自己去也不过才300；乘一次轮船"夜游暹罗湾"，竟然敢报价1000泰铢，实际自己去200都不用……

　　看着我手中的报价单，再抬头看看眼前这位热情的MM，自始至终我都没有忍住笑，她好可爱！

绕来绕去

折腾了一大早上了，飞机上也没有免费的早餐，也难怪，机票都 0 美元了，还想什么啊！现在一切入境手续都办好了，肚子我也饿半天了，先在机场解决一下温饱问题再去酒店吧。提供味美价廉的 Magic food 餐厅位于机场一楼，炒饭、炒面、蔬菜、水果、冷饮等品种这里应有尽有，价格基本上都在 20——50 铢之间，可口可乐才 15 泰铢，与市区小摊价格差不多，所以不仅旅客，很多机场的员工也在这里用餐。

吃饱喝足之后，我们该去酒店了，交通方式我们有多种选择。在机场一楼，可以乘坐机场大巴，共有 4 条不同的线路。AE2，就是发往著名的"背包客"聚集地——靠山路的，票价 150 铢。如果觉得 150

*Airport*EXPRESS
SAFE & SAVE BUS SERVICE

泰铢还贵的话，在机场 2 楼出口还有机场 Shuttle Bus 的候车点，可以免费乘坐抵达公共汽车总站之后再换乘公交车，这里的公交车都是按照线路编号的降序依次排列的，所以找车很方便，车票比 150 泰铢便宜多了，比如说坐 551 路空调大巴，票价 34 泰铢，在不堵车的情况下，40 分钟左右就能抵达曼谷北部的交通枢纽胜利纪念碑，从这里再花 7 泰铢乘坐 77 路公共汽车，就可以抵达曼谷汽车北站，从陆路进入柬埔寨，就从这里出发。当然从机场也可以乘火车抵达市内。

综合考虑了一下，还是决定打车，一是行李比较多，下了大巴或者火车之后还要再打车，搬来搬去太麻烦；二来在曼谷打车也便宜，炎炎烈日下

AE1: SUVARNABHUMI - SILOM RD.
AE2: SUVARNABHUMI - KHAOSAN RD.
AE3: SUVARNABHUMI - SUKHUMVIT RD.
AE4: SUVARNABHUMI - HUA LUM PHONG
　　　　　　　　　　　　　(railway station)

จุดจอดรถ

Airport
EXPRESS
SAFE & SAVE BUS SERVICE

BUS
to
DOWNTOWN

AE1
SUVARNABHUMI AIRPORT - SILOM EXPRESS WAY

AE2
SUVARNABHUMI AIRPORT - BANGLUMPU EXPRESS WAY

AE3
SUVARNABHUMI AIRPORT - WIRELESS ROAD

AE4
SUVARNABHUMI AIRPORT - HUALUMPONG Rama4 road

TICKET PRICE 150.- BAHT
STARTED 05.00 AM TO MIDNIGHT

150 Baht
SAFE & SAVE
EXPRESS
per trip

177

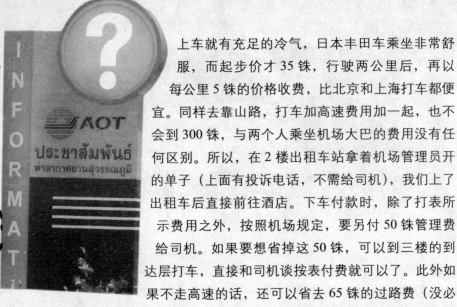

上车就有充足的冷气，日本丰田车乘坐非常舒服，而起步价才35铢，行驶两公里后，再以每公里5铢的价格收费，比北京和上海打车都便宜。同样去靠山路，打车加高速费用加一起，也不会到300铢，与两个人乘坐机场大巴的费用没有任何区别。所以，在2楼出租车站拿着机场管理员开的单子（上面有投诉电话，不需给司机），我们上了出租车后直接前往酒店。下车付款时，除了打表所示费用之外，按照机场规定，要另付50铢管理费给司机。如果要想省掉这50铢，可以到三楼的到达层打车，直接和司机谈按表付费就可以了。此外如果不走高速的话，还可以省去65铢的过路费（没必要走）。在车内，我拿着刚刚在机场取的免费地图，用手指着地图上的线路告诉司机如何前往，这工作要提前打好预防针，免得他绕来绕去（曼谷有些司机有此爱好，还不打表），损失金钱又浪费时间，当然下车时，我们也没忘记付小费。

旅行的缘秀

东南亚
第二大城市，
有"东方威尼斯"
之称的曼谷，在泰语
里是"天使之都"的意思，有
"佛庙之都"之誉，是泰国的政治、经济、
文化和交通中心。旅游业是泰国最重要的

之一，曼谷本身的旅游服务业非常发达，各种住宿设施完善，这里既有连续多年被评为世界十大著名旅游饭店之一的曼谷东方饭店以及希尔顿、假日、文华、香格里拉等一大批高雅舒适的豪华酒店；也有别具一格的欧洲酒店式公寓、蜜月旅馆和SPA旅馆；既有经济实惠的二三星级普通酒店，也有价格便宜的家庭旅馆和青年旅馆，可满足不同层次的需求。

每次来曼谷都会住在不同的酒店里面，感受不同的风情，遗憾的是，我从来没有选择住在有"背包客天堂"美誉的靠山路。这条路从早到晚都非常热闹，尤其是晚上，灯火通明，歌舞不断，一眼望去，几乎都是西方的"背包客"。从这里去往曼谷之外的地方，陆路交通很方便，开往苏梅岛、普吉等地的大巴小巴都从这里出发，可惜这一点对我来说毫无吸引力，花几十元钱，几元钱甚至几分钱，就能买张机票（不含税和燃油附加费）从曼谷飞到苏梅，飞到清迈，飞到美丽的科比，真的找不出让自己坐在又闷又热花钱又多的长途大巴上倍受时间煎熬的任何理由，何况这里去曼谷商业中心太不方便，没有轻轨，最好的方式只能是打车。总所周知，曼谷又是世界著名的"堵城"，周

180

一至周五的路况地球人都知道，平常 10 分钟的车程开上一个小时非常正常，这时候，心就随着车上的数字一起跳吧，"大出血"啊。花钱是一方面的事，时间也耽误不起啊，交通的"性价比"实在太低！在曼谷最佳的交通出行方式毫无疑问是乘坐轻轨（BTS）和地铁，快捷经济，而且轻轨地铁会穿越主要的商业区和景点。因此在曼谷选择酒店，最好是从酒店步行就能抵达轻轨站或者地铁站，这一点和越南是不一样的。

　　靠山路的旅馆我去看过了，一家挨着一家真是不少，规模都不大，很多旅馆的条件不敢恭维，外表和违章建筑差不多。我让自己想象了一下在曼谷的炎炎夏日下，住在一个又破又脏又没有空调可能也洗不了热水澡的房间里，是什么滋味？绝对价格是很便宜，8 美金、10 美金就可以住上一晚，当然还要准备牙刷、拖鞋、杯子和毛巾。但是从相对价格来说，这个价格就不值了。比如说走路 3 分钟就能到达轻轨站 NANA 的 guesthouse Suk11，20 美元（含早餐）就可以入住有空调并带独立卫生间的两人间，房内设施简单，没有电视，也没有冰箱，但是房间整洁干净，走廊的设计让人难忘，建筑也有泰国特色，4 楼还带有屋顶花园，非常有泰国味道，与我看过的很多靠山路旅馆的环境简直就是天壤之别。如果再多花一点点钱，还能入住世界著名连锁酒店 IBIS，价格 25 美元；再好一点的四星级酒店 Amari Watergate，无论

酒店位置及设施服务都是一流，属于
Amari 的连锁，在曼谷有 4 家，55 美元就
能拿下；而五星级酒店索菲特，仅为 87 美金，
比国内便宜多了，绝对物有所值。

最近曼谷还新开了很多有意思的创意酒店，这些
酒店都不大，但是装饰得很有个性，给人宁静温馨的感
觉。比如说位于市中心 PATPONG 夜市附近的，超现代设计风
格的 METROPOLITAN 酒店，就是新加坡当红的设计师 KATHRYN
KNG 设计的作品。大堂和房间的布置非常简约和现代，大量运用了
黑白对比，最酷的是房间里竟然有一个超大的浴室，看起来就像是
一个小型的 SPA 中心，非常有创意，房价从 200 美元起。再比如说，
SURASASK 地铁站附近的，与闹市一墙之隔仅有 3 间客房的 IBRIK。
这间酒店的设计绝对符合小资的标准：木制的大床，柔和的灯
光，深棕色的地板，白色的纱帘，开有天窗的浴室和布
满绿色植物的庭院，绝对让人下次来了还想住。近年来
泰国人在酒店设计上越来越发挥出精巧的想象力，比
如说 HOTEL SIAM@SIAM 酒店 11 层的游泳池，居然
用铁轨的枕木当成结构的一部分，就让人不得不佩服设
计师构思的巧妙。这些设计酒店无论豪华还是简单，都
体现出了泰国人乐天知命，懂得珍惜生活，也愿意花费时
间在细节上下功夫的乐观性情。

除此之外，曼谷还有一种独特的住宿方式可供选择：
柔和的灯光，缤纷的喷泉，精致的大理石地面，
星巴克咖啡和麦当劳隐约其间，空气中弥漫着
兰花的香味……这可不是什么五星级酒店，这
是曼谷的私人医院。

医院提供的房间种类和质量与四五星级酒店
大同小异，甚至更温馨，住宿的长短也完全由
客人决定，从一个晚上到几个月。唯一不同的是从
走入医院或者走出机场的那一刻起，每位客人身边
都会有一位笑意盈盈，语气温和，精通外语的护士
小姐陪同，帮助客人安排从身体检查到观光游览、打

高尔夫球、水疗 SPA 等一系列事宜，提供豪华而体贴的服务，其服务质量绝对是世界一流。来这里住宿的客人一般分两类：一类是边进行身体的全面健康检查，边进行度假观光，两件事情都不耽误；另一类则是专门过来做手术的，这里的价格仅为欧美国家的十分之一，许多项目比国内还便宜。省了钱又恢复了身体还能度假和享受高质量的医疗服务，这样的好事自然吸引了大批海外客人蜂拥而至，全世界的人都喜欢"性价比"啊！也正是由此，泰国目前已经成为全球最大的求医旅游目的国，其医疗服务广受世界各国赞誉，下次我再来曼谷时，一定找一家不错的医院，好好度假的同时也顺便把我难看的牙给修了，呵呵。

这么一比，从综合因素一考虑，我自然对靠山路的旅馆没有任何兴趣了，还是那句老话，"性价比"太差，旅行不能为了省钱而省钱，而要把钱花在刀刃上，该花的一定要花（比如说给小费），但绝不花"冤枉钱"！

顺便提一句，曼谷的饭店一般在住宿费用上收取 7% 的税金、10% 的服务费，但标有实价字样的饭店，收费时已将税金和服务费包括在内，在预订时要问清楚。）

几乎入眼的个个都是时尚的美女！

　　泰国是东南亚国家中最早对中国开放旅游的国家之一，今天已经有很多国人领略过了她美丽的风情，这是一个非常适合自助旅行的国家。在曼谷，我们既可以去大皇宫、玉佛寺、四面佛、水上市场——这些曼谷的热门旅游胜地去体验曼谷的历史和文化，也可以在美丽的湄南河上感受泛舟的乐趣；既可以沉浸在购物休闲的快乐之中，也可以去打打高尔夫球，做做SPA，享受人生难得的悠闲。在这座动静相宜的城市中，每一个人都能找到自己的最爱。

　　曼谷在不堵车的情况下最好的出行方式一定是出租车，既舒适又便宜，当然，要是堵起车来的话，考虑到时间成本，那还是乖乖地乘坐轻轨吧。曼谷轻轨有两种优惠票价可供大家选择：一种是一天之内无限次乘坐，100泰铢；另一种是3天之内无限次乘坐，280泰铢，免费介绍的小册子在很多车站都可以拿到。至于其他交通方式，比如说看起来很便宜的嘟嘟车（Tuk—Tuk）、摩托车和公共汽车，我想还是放

ชนิดสมาร์ทพาสประเภท 30 วัน / 30-Day SmartPasses

สำหรับบุคคลทั่วไป / ADULT SmartPasses

- **20 เที่ยว / Trips** **440** บาท / Baht
  เฉลี่ย 22 บาท / เที่ยว
  Average 22 Baht / trip

- **30 เที่ยว / Trips** **600** บาท / Baht
  เฉลี่ย 20 บาท / เที่ยว
  Average 20 Baht / trip

สำหรับนักเรียน นักศึกษา / STUDENT SmartPasses

- **20 เที่ยว / Trips** **340** บาท / Baht
  เฉลี่ย 17 บาท / เที่ยว
  Average 17 Baht / trip

- **30 เที่ยว / Trips** **450** บาท / Baht
  เฉลี่ย 15 บาท / เที่ยว
  Average 15 Baht / trip

弃吧。前二者不要高价心不死且条件太差也无安全性可言；后者是上去了半天还没搞不清楚到底往哪开呢？等一切都搞清楚了，时间也过去了。

要想在短时间内就能对曼谷有一个大致的了解，最好的方法就是将"轻轨"和"水上巴士"相结合。先从轻轨的任意一站上车，从头坐到尾，由于轻轨穿越的基本都是曼谷的繁华商业区，坐在轻轨上不仅可以好好观赏城市风景，同时也顺便对各个将要"血拼"的商场有一个初步印象，另外乘坐轻轨的很多都是学生和上班族，坐在里面也可以借此机会感受一下他们的生活状态，感受一下曼谷最新的流行趋势，从而对曼谷以至于泰国社会都能有一个更深的了解。乘坐轻轨还有一点好处，因为曼谷的男女比例严重失调，站在车厢里面满眼望去，几乎入眼的个个都是时尚的美女！

BTS SKY SmartPass

ขยายโปรโมชั่น
Promotion
ลด 2-4 บาท จากราคาปกติ เมื่อใช้เดินทาง
ขยายเวลาถึง 31 มี.ค. 51
Get 2-4 Baht discount per trip
until Mar. 31st, 08

100 บาท / Baht

- ราคาจำหน่ายยังไม่รวมค่าธรรมเนียมในการออกบัตรใหม่ **30** บาท
- มูลค่ามัดจำการเดินทาง **30** บาท ไม่รวมอยู่ในมูลค่าปัจจุบันที่แสดง บนเครื่องอ่านบัตร
- Price excludes **30** Baht issuing fee for a new SmartPass.
- **30** Baht deposit is not included in value displayed.

Food zone

来！尝一下

从轻轨的终点站 SAPHAN TAKSIN 站出来，向前走 2 分钟就是码头。从这里买一张 18 泰铢的普通船票上船，就可以舒舒服服地坐在船上从水上欣赏曼谷沿途的风光，尤其是黄昏时分坐在船上欣赏日落，绝对是动与静的美丽，照出的照片也保证是一流的小资。曼谷很多著名的景点包括大皇宫、郑王庙、玉佛寺等都坐落在沿岸，有时间的话，不妨上岸参观一下，但前提是要穿有袖的衣服和长裤长裙进寺庙。

保存好船票，回来后咱们还可乘下一班继续前行。参观大皇宫时 (门票 250 泰铢)，要小心一点：如果有人对你说大皇宫今天不开门，其它寺庙可免费参观之类的话时，别理他们就是了，这些都是小儿科的技法。想想这些人也真笨的可以，我 99 年第一次来时，他们就用这方法骗人，10 年都过去了，还在用，也不换换。

要想了解曼谷最新的吃喝玩乐资讯，到任意一个咖啡吧或者餐厅去拿两份免费的杂志——《BANGKOK 101》和《GURU GURU》，就能马上融入曼谷的社会，上面的信息非常实用，很多曼谷人

也在看。前者是英文指南，主要针对旅游者的；后者是梵文"师傅"的意思，顾名思义，就是指导我们如何在曼谷少花钱但还吃得舒心玩得开心。很多人一想到泰国美食，多半浮现的就是各式辣椒、香浓的咖喱、酸辣虾汤等妆点亮丽的泰国料理，当然坐在河边五星级酒店的高级餐厅里，一边欣赏着曼谷的景色，一边享用着顶级厨师做的美味，绝对是一种愉悦的体验。但是来到曼谷，不到当地的小吃街上去品尝一下泰国的美食，那绝对遗憾。真正的曼谷美食精髓，其实就出在街上转角各个顶端蕴着热气的小吃摊上。因此在欣赏完美景之后，虽然曼谷有好多著名的小吃街，比如说 Convent Rd（Silom 线至 Sala Daeng 站下车，步行约 5 分钟）和水门市场(Pratu Nam，Sukhuvimt 线至 Chilom 站下车，沿着 TH.RATCHAPRAROP，步行约 15 分钟可达)，但我们已经迫不及待地就地取材了，前往上船时码头对面的小吃街。

花了 3 泰铢坐着渡船抵达对面的小吃街时，这里早已是人山人海了。这里的小食摊真是包罗万象，应有尽有。有卖炒米粉的，也有卖烤肉串的；有卖海味的，也有卖煮炖鱿鱼的；有卖鱼粥摊、雪糕摊，也有卖牛杂摊、甜品摊；有卖粽子和蒸玉米的，也有卖"灌猪肠"和"竹筒饭"的，还有卖什么焦黄的蚕蛹、爆炒的蚱蜢等来自泰国东北的昆虫小吃，合起来品种至少有一二百样，让人口水直流。这些食物大部分都是现做，做好后用透明塑料袋装盛，不会讲外语也没关系，想吃哪个，用手一指就 OK 了，全世界哑语通用！

小吃摊多半从清晨一直营业到午

夜，摊上常见的面食主要有加了牛肉丸或鱼丸或肉片的汤面，以及粿条、泰式面条、米粉、一般蛋面等几种面食，汤面多半配有豆芽菜、芹菜、细葱末与少许油葱，若想与泰国人口味一样重的话，可加号称小吃摊桌上的四大天王——辣椒粉、糖、辣椒醋水和鱼露，这可是泰人餐桌上的必备调味料。我们逛了一大圈，眼睛是饱了，可肚子早饿了，找到一个食摊，三下五除二，一碗米粉送进了肚子。还没觉饱，又向旁边的海鲜摊要了只烤大虾，这虾个儿特别大，据说还是野生的，味道好极了。我们边吃边一个劲儿地夸奖老板的厨艺好，搞得年轻的老板好激动，干脆免费又送上了一支，让我们彻底吃透。最后一算账，两人100泰铢都不到，爽！

Thai Food,
Thailand

曼谷在打出"时尚曼谷"的目标后，曼谷的购物天堂定位就没有再限于物美价廉的低端购物，一大批舒适、宽敞和充满现代设计的商场在近几年雨后春笋般地出现，显示出了曼谷与世界同步的流行趋势。

其中最著名的购物商圈就是在轻轨 SIAM 站下车的暹逻商圈。从 Siam Paragon、Siam Discovery Center、Siam Center 到 Central World Plaza，这里有好多栋高楼大厦，集中了大的百货公司和国际名牌精品连锁店、超级市场、电影院、美食广场、书店等数不清的专卖店和工艺品商店，我能想到的商品几乎这里全有，即使一周什么都不用做，我想在这里都未必能够逛完。许多来自日本、香港及欧美的时髦名牌服饰及家具、化妆品等，在这里都可以第一时间找到，这里代表了曼谷乃至于东南亚的最新时尚潮流，是目前曼谷最热门的购物中心集中地。在这里每家商场还为国外游客办理可享受至少 5% 折扣的优惠卡，出示护照在商场一楼的服务台办理就可以了。虽然后来我发现有时这卡也没有什么用处，因为买东西时给的折扣比这个卡打的折扣还要低，但办了总比不办强，万一能用上呢，比如在大商场里面吃饭的时候，出示一下还能享受折扣。

在没有走进漂亮豪华的商场之前，我们决定先到 Siam Center 对面的小巷里面转转，因为小巷里面出售的很多都是代表泰国传统特色的手工艺品和特色产品，更重要的是这里还有一家以充满黑色幽默著称的泰国自创品牌 Propaganda 的一间分店，其作品常登上国际性设计杂志，更获得过美国芝加哥美术馆颁发的优秀设计大奖，不可不看。

诞生于 1996 年的 Propaganda，英文意思是"传教总会"，最初是由几位年轻的广告人共同创立的。这几个年轻人当年创业的时候，可以说是一无所有：没有蜚声国际的名气，没有庞大的资本支持，连可借鉴的成功经验都没有，一切都需要自己摸索和实践，而且还要忍受别人的风言风语。但是他们坚持住了，依靠对事业的执着和不知天高地厚的勇气，走出了一片"蓝海"，打破了很多东南亚设计师喜欢走高扬东方情调的路线，将设计理念定位在幽默、好玩，甚至有些调皮捣蛋的基础之上，并自始至终将这个理念贯穿在设计之中。从日常生活中最普通的包括杯、盘在内的大小物品出发，将生活里原本呆板的物品注入了幽默的生命，成功地将平民百姓生活中的 小 灾难转化成幽默，博得人们一笑。这种不拘泥传统的设计理念让 Propaganda 迅速被人们接受，并快速进入了国际市场，业务量在短短 1 年内激增，

"ONE MAN LONELY"

超过
一倍！
　　其代表
系列——Mr.P
更以充满人体造型
的趣味风靡全球。Mr.P
是一个赤裸裸光溜溜的小男
孩，它是台灯，是玻璃杯，是
烟灰缸，是笔筒、钥匙圈……无论
他化身作什么，他都高昂着自己的"小
鸡鸡"，无遮无拦地冲着外面，很想得到
别人的注意和陪伴。虽然是裸体造型，却
一点都不叫人觉得难为情，真正乐而不淫。
Propaganda 曾公开发表过一段很经典关于
Mr.P 的言论："人都是有两面性的，一面是
给社会看的、循规蹈矩的性情；一面就是
Mr.P 所代表的任性妄为的真性情，想放屁
就放，想撒尿就尽情撒。人们喜欢他，是
因为他总能用最顽皮的方式去展示真实的
一面，而这一面恰恰是我们内心的缩影！"
　　Mr.P 总是逗人发笑，可它们都有个不
快乐的外表，当我看见一个 Mr.P 产品的
外包装上印着"ONE MAN LONELY"（一个
男人的孤独）时，忽然有种想落泪的感觉，
创业真的不易啊！

宏伟的逛街计划

　　　　　　　　　　　　　　　　　　我们在小巷里逛得差
不多了，看时间也不早了，就回到了 Siam Paragon 商场，准备从这里
开始，感受一下商圈。上次来曼谷时，有些地方我已经去过了，整体
感觉是如果去了香港就没有必要再来这里购物，价格相差不多，但肯
定很多品牌比国内便宜多了，比如说欧莱雅和英国的 Boots。上次在这
里买的百年英国品牌 DAKS 衬衫，正好赶上特价，100 美元两件，真
是便宜的不敢相信，立刻就买了两件。回到上海后，一看价格差点没
躺下，简直就是天价，不知道这次是否还有特价，否则只能圣诞节之
后再回英国买了（可以考虑设计一条 3000 美金周游世界名牌大减价之

旅，哈，肯定受欢迎，机票钱都赚回来了！）。

Siam Center 商品主打年轻族，流行商品及鞋店、精品服饰等，适合年轻人的商品比较多；而与其相连的 Siam Discovery Center 则走的是高端价位，有许多世界一线名牌及珠宝；旁边的 Mah Boon Krong（MBK）商场则类似于上海的襄阳路，主要侧重在中低档服装、土产、电器等价格低廉的商品，还可以"砍"价，要淘到好东西，可需要时间了；如果想买泰国的手工艺品，那可以到 Narayaphand 找自己喜爱的工艺品，泰国著名的特产泰丝在这里也有出售。价格虽然不菲，但至少是正品，不

会有假货。超大规模的 Central World Plaza 由 ZEN、ISETAN 百货公司和 CENTRAL 三家组成，里面有各式各样的精品店 540 家、高尔夫球相关商品和 50 家餐饮厅。其中 B-106 店铺的 NaRaYa "曼谷包"，特别受到咱们国人的欢迎，从钱包、化妆包到单肩包都比国内至少便宜 2 倍，作为礼物送人又划算又实用。其顶层是 King Power 免税商店，可先预定商品再到机场付款提货。另外这里的 F108-F308 是 B2S 在泰国最大的书店，光面积就有 3 层，环境非常温馨舒服，内有 Starbucks、True Web Café 等，非常值得一看，其中光是来自世界各地最新的期刊杂志，就摆了一整面墙，非常壮观。

因为是要拍摄的缘故，我们这次在暹逻商圈的步行路线计划为 Siam Paragon → Siam Center → Siam Discovery → MBK → Tokyu → Siam Square → Erawan Bangkok → Amari Plaza → Central Department Store → Gaysorn Plaza → Narayaphand → Zen → Central world Plaza。这可是个宏伟的逛街计划，整个走下来，估计我怎么也要瘦二斤。之前总以为电视台主持人风光，现在才知道根本就不是这么回事，谁痛苦谁知道啊！

入乡随俗

　　一番准备之后，我们扛着摄像机照相机就从 Siam Paragon 商场大门潇潇洒洒地进去了，进去的时候，为了显示一下俺们中国人的好客，我还非常友好地与门口一直在看我们的保安帅哥招了招手，欢迎来北京。一进商场摄像机都没开，我就被各种商品给吸引住了，边看边琢磨拍点什么？正想着呢，感觉好像有点不大对劲，回头一看，刚才打招呼的那位保安 GG 怎么好像总是若即若离地始终跟在我们的后边呢？我们两个互相看看，我们有什么魅力吗？没做什么出格的事呀？那他怎么总跟着我们？忽然一个念头出现在我的脑海，坏了，没准儿

At CentralWorld we celebrate diversity with over 500 leading International and Thai brand names under one roof

刚才打错招呼了，这位 GG 不会是位人妖吧？那我们今天可惨了！

边走边胡思乱想，走了半天，这哥们还跟在后边，看来真够执着的了，算了，这楼层我们不逛了，正好也没找到什么可拍的，上楼。站在自动滚梯上，回头一看，这哥们终于站在滚梯下边了，没上来。呵呵，我心里这个高兴啊，终于摆脱了，这GG 不跟了。

把头刚回过来，滚梯还没到二楼呢，一个与下边 GG 同样打扮的保安已经站在滚梯口恭迎我们了！我们两个当时你看看我，我看看你，明白了，什么人妖啊，人家这是不允许我们哥俩拍摄，在后边监控呢！想想既然如此，人家也不欢迎俺们，那还是抬脚走人比较好，省得一会儿拍摄时再被人家拒绝给赶了出来，岂不更惨！于是在所有楼层保安们的严密监视下，我们两个只好与这里说了 BYEBYE。

在一个商场受了点委屈也没什么，继续好了，这么多商场，还怕

找不到可以允许拍摄的？我就不信了。走来走去，到最后我
的两只脚好像已经不属于我了，除了计划中最后要去
的 Central world Plaza 之外，我们已经走遍了计划
中要去的所有商场。结果都是一样，只要门口的
保安一看见我们俩这架势，所有商
场楼层的保安 GGMM 就立刻对
我们两个从事严密监视，搞的
我们两个像小偷似的，最后
也只好入乡随俗，撤！

星 光 璀 灿

坐在外边的广
经对拍摄曼谷购物

场休息时，我已
的镜头不抱有什么

希望了，前面这家商场 Central world Plaza 可是在整个东南亚地区都赫
赫有名的，里面的保安措施不用想也知道肯定严格得要死，刚一举机
器，还没动镜头呢，没准儿就被人拿下了。算了，还是直接进去买完
东西就撤吧，好多也算又来过一次 Central world Plaza，我这样安慰着
自己。

　　走到门口，我们两个正准备进店，站在门口的保安一伸手拦住了我
们。哎？怎么回事？我当时心想，我们现在可没打算进去拍摄，不会
连我们俩带着机器进去买东西都不让吧？正要张嘴解释，对面的保安
GG 说话了，说的是泰语，我们两个听了半天也没搞明白，但意思看明
白了，跟他走！

　　我们两个再一次互看了一下，走就走，这有什么可害怕的，我们
也没做什么亏心事。还没走几步呢，这位 GG 就把我们恭恭敬敬地交
给了一位站在服务台前的 MM 前。这位美丽的 MM 一看见我们，马上

十分热情地向我们微笑了一下，继续礼貌地在前带路，好像贵宾一样。见此情景，我们两个倒是一头雾水，半晕半醒，只好跟着她继续前行。

Central world Plaza 里面真大啊，七拐八拐之后，在商场中间临时搭的一个桌子前，她停了下来，微笑地转身离去。我们俩一看，这地方可真不错，人山人海，热闹非凡，

还有人招待吃喝。前面的T型台上此刻好多模特正走着"猫"步呢。台下呢？除了一大堆美女之外就是一群拿着"长枪短跑"的记者正在拍摄，哦！明白了，把我们当成来参加商场"时装秀"发布会的泰国记者了！哈哈，等明白过来，我可开心死了！这下好了，我们可以狂拍了，也不用担心别人不让拍了！

拍摄商场之余，我也没客气，拿着相机就对现场几个泰国当今最红的男女明星一顿狂拍（可惜一个也不认识，没追过星啊，后悔）。他们十分配合，一点儿架子也没有，生怕被少拍，明星们也真聪明，我用的全是手语，竟然全明白，摆的全是可以在杂志上发表的姿势。

其实，我不是不想说啊，是不敢说啊，一口东北味英语，一张嘴啊就啊就……那还不露了馅啊！

"天堂上的花园"

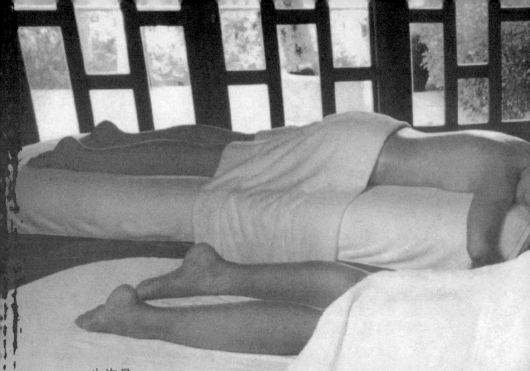

　　也许是
昨晚 SPA 做得太舒服了的缘故吧，以
至于我今天在从酒店到机场的出租车上，一边吃着"林真香"的肉
松，一边还沉浸在 SPA 的享受之中。

　　SPA 是希腊语 SOLUSPARAQUA 的缩写，意为"健康在水中"，
是指人们利用天然的水资源，结合沐浴、按摩和香薰来促进新陈代谢，
满足人体视觉、味觉、触觉、嗅觉和思考，达到一种身心畅快的享
受。来曼谷旅行，除了时尚购物，吃喝玩乐之外，可能最受欢迎的就
是 SPA 和 Message 了，这种由专业美疗师、水、光线、芳香精油、音
乐等多个元素组合而成的舒缓减压方式，能帮助人们达到身、心的健
康，是现代都市人追求身心健康的一种必然需求。尤其是对于一些爱
美的 MM，定期到泰国做 SPA，已经成为了人生中不可缺少的例行公
式。泰国的 SPA 销售收入据说已经占到了泰国整个旅游收入的一半，
可见其火爆的程度。

　　来曼谷做一次 SPA，也是我最初设计这条"299 美金飞遍东南亚"
之旅中的一个项目。从国内出来，到目前已有将近 10 天的时间了，也

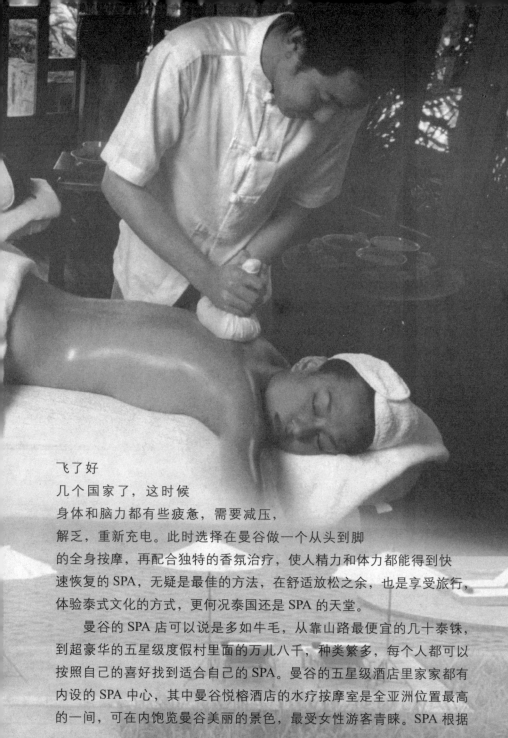

飞了好

几个国家了，这时候

身体和脑力都有些疲惫，需要减压，

解乏，重新充电。此时选择在曼谷做一个从头到脚

的全身按摩，再配合独特的香氛治疗，使人精力和体力都能得到快

速恢复的 SPA，无疑是最佳的方法，在舒适放松之余，也是享受旅行，

体验泰式文化的方式，更何况泰国还是 SPA 的天堂。

　　曼谷的 SPA 店可以说是多如牛毛，从靠山路最便宜的几十泰铢，

到超豪华的五星级度假村里面的万儿八千，种类繁多，每个人都可以

按照自己的喜好找到适合自己的 SPA。曼谷的五星级酒店里家家都有

内设的 SPA 中心，其中曼谷悦榕酒店的水疗按摩室是全亚洲位置最高

的一间，可在内饱览曼谷美丽的景色，最受女性游客青睐。SPA 根据

诉求的不同主要包括传统泰式按摩、花瓣水疗、脸部芳疗、药草洗浴等等，但不论哪一类型的 SPA 偏重点可能不同，但都会满足听觉（疗效音乐）、嗅觉（天然花草熏草）、视觉（色彩与自然景观）、味觉（花草茶、健康饮食）、触觉（按摩呵护）和思考（纯净心灵）六种愉悦感官的基本需求。在 SPA 的很多种类之中，最吸引女孩子的是花瓣浴和牛奶浴，前者做完按摩后，浸浴于铺满花瓣的水池中，仿佛神话中天池戏水的仙女；后者浸泡之后除了能拥有白晰凝脂，还能在身体留下甜甜奶香，长时间都不会消失。

我们昨晚去的是位于 Dusit Thani Hotel 内的 Devarana Spa，它的中文意思是"天堂上的花园"。当提前预约好一踏进它的大堂时，亲切友善的 Spa Manager 已经在恭候了。其大堂装修柔合了东方色彩和西方的简约特色，华丽而现代，柔和的灯光和淡淡的花香更让人倍感温馨。3 个小时之后，当我容光焕发走出这家 SPA 时，已经深深体验到了为什么它会取这个名字。

一文不花就可登机

关于曼谷机场的空间我就不用笔墨去形容了，免税店非常多，在东南亚绝对能排进前三名。所以想好好逛逛，那还真要早点抵达机场，以免误机。在机场时可别忘了办理退税，按照泰国政府规定，凡是在商店收银台立着"VAT REFUND FOR TOURISTS" 标志的，都可以在购物当天申请退税，但必须一个人名下在该家商店购物单笔超过 2000 泰铢。在泰国所有商场购物如果总金额超过 5000 泰铢，带着购买的东西和购物时店主给开的退税单，就可以在机场办理退税。泰国的消费税是 7%，在机场办理退税手续时需要交纳 100 泰铢的手续费。

Lower Floor

Stunning Tha
ground floor. Try
Santa Barbara, Ja

机场免税区到处都是名牌店，虽然优惠的不是很多，但款式都比较新颖，这时如果还有什么没有买够的话倒是个最后的机会。我对比了一下，在曼谷机场购买 Boots 和欧莱雅，比香港便宜许多。"中华"香烟虽然比印度新德里机场 30 美元一条的价格贵了一些，但肯定比国内便宜多了。除此之外，这里非常值得购买的商品还有机票。由于

and accessories will be encountered on the
ling new styles from BSC, Louis Feraud,
Crazy Step.

曼谷是东南亚重要的交通枢
纽，所以无论从这里飞往清
迈、甲米等旅游渡假圣地，还
是飞往新加坡、吉隆坡这样
的大城市，机票的价格都相
当便宜。甚至只需交纳机场
税和燃油附加费等相关费用，
一文不花就可登机的情况也
经常可见。

附录：

航空签证篇

　　在经济全球化进程中，航空业已经成为重要的推动力量和基本要素。航空枢纽是全球主干航线网络中的重要节点和全球航空运输的制高点，是一个国家、一个地区参与国际竞争、融入世界经济循环的高效途径和理想平台。曼谷廊曼国际机场就是亚太地区最重要的空中枢纽之一，全球航空公司在曼谷开辟的航线达上百条之多，世界各主要城市都有飞往曼谷的航班，近百家国际航空公司的飞机在此起落，其航班密度在东南亚地区名列前茅。

　　据估计，在今后十几二十年内，亚洲很可能超越北美和欧洲，成为飞机搭客市场最大的区域。根据国际航空协会的数据，一个航空港每增加 100 万人次客流，就会给当地创造 1 亿元的 GDP 和 2500 个就业岗位，这也是为什么很多东南亚国家，不遗余力地全力支持本国成为亚太地区航空枢纽的原因，尤其在争夺中转旅客方面，更是激烈。同时我们也释然了为什么东南亚很多国家

都给予中转旅客落地签证的原因了。所以前往曼谷无

论从北京、上海、广州还是全国主要大中城市出发，几乎

都有直飞曼谷的航班。从北京出发，一般推出特价票机会比较多的航空公

司非斯里兰卡航空公司莫属，在曼谷下机的人几乎超过了一半，当然偶尔

中国国际航空公司也会放出一些特价机票；从上海、杭州、沈阳、哈尔滨

等城市出发，前往曼谷的话，除了可以选择直航之外，利用菲律宾、马来西

亚、新加坡等地中转，有时也会得到让人十分惊喜的价格。

前往泰国的话，最好与周边几个国家连起来游览，柬埔寨、越南、新加坡等国家都

可选择。比如说从上海出发，可以先飞菲律宾的马尼拉，之后再飞曼谷，游览之后，可以

考虑经由马来西亚或者新加坡回国，也是种不错的方法。这样做还有一个好处就是不用

在国内申请泰国签证，直接在曼谷机场落地签证即可，方便

快捷。至于前往泰国国内的一些城市，例如清迈、

甲米等地，建议提前购买机票，使用飞机从泰国

国内或者邻国前往，性价

比比乘坐汽车要高，

价格也不贵。

第六章　柬埔寨

千年信仰的胜地

我把一大堆 Postcard（12 泰铢／张）送进了邮局之后，坐进了前往柬埔寨首都金边的飞机。

历史悠久的文明古国柬埔寨王国 (Kingdom of Cambodia) 位于亚洲的中南半岛南部，东和东南部同越南接壤，北部与老挝相邻，西和西北部与泰国毗邻，西南濒临暹罗湾，著名的湄公河自北向南横贯全境。这里古称高棉，官方语言自然就为高棉语了，但因为曾经是法国的殖民地，所以法语和英语的使用也比较广泛。全国 80% 以上的人信奉佛教，也可以称之为佛教国家，货币名称是瑞尔，但美元几乎在全国通用，我们在柬期间根本就没有换过当地货币，几乎所有的商品包括餐厅的菜谱都用美元标价。

尽管近代的柬埔寨是一个战事连连的灾难国度，但过去的硝烟和战火难以掩盖它曾经拥有的风光历史和辉煌文明。与中国的"万里长城"、埃及的"金字塔"和印度尼西亚的"婆罗浮屠"并称为东方四大奇迹的历史遗迹"吴哥窟"，是世界最大的神殿建筑，融合了神秘、历史、淳朴的感动，为人们留下了视觉与心理上的巨大震撼，1992年被联合国世界文化组织定为世界文化遗产，是全世界人民心中的圣地。今天的柬埔寨已经向世界打开了大门，开始成为投资者关注的地区，这个记载千年信仰的胜地，正吸引着包括国人在内的天涯朝圣者接踵而来。

　　无与伦比的吴哥窟毫无疑问是我们此次行程中的重点，在设计这条线路的时候，我最初是想穿越泰柬边境，走陆路抵达柬埔寨，不使用飞机了。但后来我向我们俱乐部一名刚刚走过这条路的会员咨询时，听了他的经历之后我改变了初衷，还是老老实实地选择了飞机。从曼谷先飞金边，再从金边抵达暹粒（暹粒是通往吴哥的门户，吴哥古迹就位于这里，为了保护文物，吴哥古迹目前不允许有人住在里面，所以每个来吴哥游览的人都会在暹粒下榻），从曼谷到金边的机票仅仅9美金（不含税），比从我家到首都机场的打车费都便宜！

要不在高温下站会儿？

那从曼谷去柬埔寨走陆路如何呢？且听我慢慢道来。首先要从曼谷汽车北站（Northern Bus Terminal - Moh Chit）坐4个多小时的车抵达泰国边境城市亚兰（Aranya Prathet，207泰铢，班车从临晨3点半到晚上6点，平均发车间隔30－60分钟），再从亚兰汽车站打Tuk-Tuk或者摩托车去泰柬埔边境（大约6公里左右，20泰铢／人）办理出入境手续。如果机票都是买到泰国往返的，也就是说从柬埔寨旅行结束还要回到泰国登机离开，那么在出泰国海关之前，要先在泰国这边花费1020泰铢，办理一个RE-ENTRY VISA。OK之后，可能要用很长的时间排队办理出泰国海关手续，人多效率又低，培养一下自己的耐心也好。过关的时候，一定要仔细听清楚海关的人说什么，否则一不留

Coastal Overland Route through Cambodia: From Bangkok Thailand to Vietnam

神，1000 泰铢就有可能被人忽悠跑了。也可以坐火车前往亚兰，5:50 和 13:05 每天两班，48 泰铢（三等，3 个半小时），但坐晚班火车当天有可能赶不上过境时间，边境开放时间 7:30 - 20:00。

等这些手续都办完了，恭喜现在可以办理柬埔寨的落地签证了。尽管墙上写着 20 美元一位，但地球人都知道柬埔寨穷啊，没办法，赞助点吧。想不赞助？可以啊，这儿常年可都是三四十度的高温，要不在高温下站会？不愿意站？想清楚了是吧，掏钱吧，25 美元又没了。过了关，总算进了柬埔寨的边境城市 POIPET，呵呵，对不起，还要再支付 40—80 美元包一辆车才能到达暹粒，也就是参观吴哥窟前所要住的小镇。想便宜点儿，可以啊，几个回合"砍"下来，30 美元总是要付的吧！

等这一切都 OK 了，也上车了，认为现在可以万事大吉了，松口气了吧？错了，从这到暹粒路况糟糕的程度可能会有心里准备，但心里准备一定还要再调整一下。一路下来整条公路都看见的是黄沙蔽日，地上到处大坑小坑，汽车在坑里爬上爬下，自然在车内也好不到哪里去，这还不算，一会儿遇见一前车，扬起的尘土绝对让衣服多出二两土来。就这样，至少还要再坚持 4 个钟头，这过山车的游戏才能宣告结束。掐指一算，从曼谷出发到抵达暹粒，这一白天估计也没剩下什么时间了。

"四臂湾上的宝石"

柬埔寨首都金边（Phnom Penh）位于湄公河、洞里萨河、巴沙河和前江的汇合处，这四条河流在城东联结成 K 字形，汇聚成一片宽广的水面，又像四支巨大的手臂伸向远方，当地人称之为"四面河"，而当地华人们则给它起了一个形象的名字——"四臂湾"，所以金边又被称之为"四臂湾上的宝石"，站在皇宫对面的河岸上就可以欣赏到这个景色。1431 年，由于暹罗入侵高棉，当时的高棉国王蓬里阿·亚特不堪忍受侵犯，于是将首都从吴哥迁到了金边，金边至今已有几百年的历史了，终年青翠，风光明媚，景色宜人，柬埔寨全国最主要的工商企业、金融机构大都汇集于此。

从飞机上俯视，婀娜孤独的湄公河波浪滚滚地穿行在柬埔寨苍凉的大地上，在夕阳的照射下反射出这片荒芜大地上唯一的光彩。机翼下也少了类似泰国的绿色田园风光，只有大片褐黄色的荒凉平原，每隔很远，才会出现一块小小的城镇。飞到金边时，景色要稍微好看一些，没有高楼大厦的街道掩映在一片椰林、芭蕉丛中，和钢筋混凝土铸成的曼谷形成了鲜明的对比。

朴素的金边机场自然和奢华的曼谷机场没办法相比，但入境大厅内充满印度教风格的佛像还是让我对于未来 3 天的行程感到兴奋不已，机场里的中文标识也

218

让我倍感亲切。机场很小，但朴素，干净，除了我们这一班飞机之外，再没有发现其他航班。持有中国护照，不需要事先在国内申请旅游签证，直接在机场办理落地签证就可。交上照片、护照、20美金签证费和在现场填写的一张简单得不能再简单的入境表格即可，当场就能得到签证，绝对不会有人被拒签，也不需要给什么小费，非常快捷简便。办理完落地签证之后再往前行，直接将护照递给移民官办理入关手续。整个过程都很快捷简单，后来我们从暹粒机场出关的时候，也是如此。可能是因为在机场的缘故或是其他什么原因，我们没有遭遇移民官索要贿赂和刁难的事情。柬埔寨签证也可上网办理电子签证，25美元。在北京大使馆办理，190元人民币/人，三个工作日取，手续与办理落地签证一样。

C.H 全球旅行社

218 St. 93 Tel : (855)23 219 162 Fax : (855)23 219 16

　　金边机场可没有大巴，从机场打车到市内的价格都是统一的，8 公里左右，9 美元（入乡随俗，小费是一定要给的，最后加小费我们总共付了 10 美元），直接拿票上车就可以了（从机场到市内，坐 TUKTUK 的话，5 美元，30 分钟）。金边的酒店有很多，也是丰俭由人，直接打车到市中心寻找就可以了。我们先去了网上比较热门的 Capital Guesthouse，到了一看，比印象中的差多了，外观非常破旧不算，旅馆门口停着一堆的 TUKTUK 车司机，看见我们两个老外过来还一个劲地嘀嘀咕咕，让我满腹狐疑，莫名其妙。上到酒店的二楼，服务员穿过幽暗的走廊先带我去看房间，房与房之间是用木板隔成的，也没有安装什么隔音的措施，设施极其简单，仅有床和电风扇摆在屋子中。床单不是很干净，但价格便宜，4 美元 / 晚。

　　看到这种环境，我犹豫了一下，最后还是出来了。在住宿的这个环节上，有的时候还是要一分钱一分货的，未必一定都要住五星级酒店，但必要的干净、安全还是需要的。我的旅行观念是没有必要花"冤大头"钱，但一定要做"性价比"的节省，而不是绝对值的节省。按照刚才在机场免费取的"PHNOM PENH VISITORS GUIDE"小册子上推荐的旅馆地址，我告诉司机又去看了其中几家，比较一下总不是什么坏事。看下来有几家还可以，价格从 4 美元到 40 美元都有，有小家庭旅馆，也有三星酒店；考虑到我们随身还携带了昂贵的摄像设备，还是决定去位于市中心 Ceantral Market 旁边的 ASIA HOTER 酒店"砍价"。这家酒店是三星，所处的位置应该算是金边最繁华的市中心了，

ur personal oasis in Siem Reap

ind and refresh in an atmosphere of old world charm and truly authentic Oriental grace.

距离"中心市场"（这个市场里面有很多廉价商品和当地土特产品，但一定要货比三家，什么都要"砍价"，连在这里上洗手间，500 瑞尔，都可以还价）和去暹粒的长途汽车站走路 3 分钟就到。有意思的是这家酒店旁边竟然是"中国餐馆一条街"，早上起来要想喝点大米粥看来是没什么问题了。酒店周围还有一大批从五星级酒店到街头小旅馆的各种档次酒店可供选择，考虑到我们在金边只停留一个晚上，这个位置我倒是很钟意。

还是老方法，把行李放在出租车上，先进去看房间再谈价格。接

Leave the vibrant and
bustling city behind

Whether for business trips or cultural get
aways alike, our personalised services mak
sure your stay a comfortable one.

Speaking Khmer: Useful Phrases and Words

Please
Sohm
សូម

Thank you (very much)
Akun (Chroeun)
អរគុណ (ច្រើន)

Yes
Baat (for man)
បាទ
Cha (for woman)
ចាស

No
Qtay
អត់ទេ

Hello
Suosdey
សួស្ដី

Greetings (polite)
Chum reap sua
ជំរាបសួរ

How are you?... I'm fine.
Teu Nak Sok Sabai Chea Tay?...
តើអ្នកសុខសប្បាយជាទេ?
Knhum Sok Sabai Chea Tay
ខ្ញុំសុខសប្បាយជាទេ

What country are you from?/I am from...:
Neak Mork Pee Pra Teh Na?/
Knhum Mork Pee...
នាក់មកពីប្រទេសណា?   / ខ្ញុំមកពី...

Goodbye (polite)
Chum reap lea
ជំរាបលា

Goodbye (informal)
Lea Heuy
លាហើយ

See you tomorrow
Sa'ek Chuob Knea
ស្អែកជួបគ្នា

Do you speak English?
Teu Nak Niyeay Phea Sar Anglei Tay?
តើអ្នកនិយាយភាសាអង់គ្លេសទេ?

I understand / I don't understand
Knhum yol / ot yol
ខ្ញុំយល់ . អត់យល់

What is this called in Khmer?
Nis hauv Thameich Pheasar Khmer?
នេះហៅថាម៉េចភាសាខ្មែរ?

How do you say...in Khmer?
Thar Mech Chea Pheasar Khmer?
ថាម៉េចជាភាសាខ្មែរ?

Speak slowly
Nee Yeay Yeut Yeut
និយាយយឺតៗ

Sorry
Sohm-toh
សុំទោស

What? Pardon?
Ey-kei?
អីកេ?

What's your name?... My name
Chhmua-ei?
ឈ្មោះអី?
Knhum chhmua...
ខ្ញុំឈ្មោះ...

How much for this?
Teu Nis Thlaiy Pun Mann?
តើនេះថ្លៃប៉ុន្មាន?

Expensive.
Thlaiy
ថ្លៃ

At the Hotel

I would like a...
Knhum Trov Kar...
ខ្ញុំត្រូវការ...

待我的是一名年轻的华裔，虽然是华裔，可一句普通话都不会说，估计应该是属于第二第三代华裔了。看了几个房间，三星算不上，但也过的去吧，空调、独立卫生间该有的设施基本都有，干净整洁，凤凰卫视和 CCTV4 都能看到，洗手间也令我满意（我这个人有坏毛病，找酒店先要先看洗手间干净与否），就是下楼时坐的古老电梯让人也点害怕。最后我挑了一个放了两张大双人床的标准间，一番"砍价"，20 美元成交（小床 15 美元，还有没窗户的，据说给旅行团预留的，10 美元）。

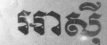

ASIA HOTEL **Mekong Express Bus**

Boat departure from PP

Tourist boat (one hour)	= 10$/person
Simple Boat PP to SR (7:00am)	= 25$
Simple Boat SR to PP (7:00am)	= 25$
Simple Boat PP to Chou doc	= 18$ 25
Simple Boat PP to Kratie	= 15$
Air ticket PP to SR (1 way)	= 90$
Air ticket PP to SR (2 ways)	= 160$
Land Cruiser / Van (12 seats)	= 15$
Camry (2 ways) are 150$ / 130$	
120$ and $100 We go everywhere	

Bus departure from PP

PP to Siem Reap (7:00am/12:00pm)	= 6$ 7
PP to Saigon (7:00am)	= 8$/16$
PP to Sihanouk ville	= 5$
(Time : 7:15am,8:15am,12:30pm,13:30pm)	
PP to Bangkok / Poipet (7:00am)	= $18
PP to Battambang (7:00am)	= 8$ 6
PP to Kampot (9 Time/day)	
PP to Kampong cham	

---

ke me to the hospital
ork Khnum Toev Munteepeth
សូមកញ្ញាទៅមន្ទីរពេទ្យ

m allergic to penicillin
nhum mean Protehkam Cheamuoy
hnam Penicillin
មានប្រតិកម្មជាមួយនឹង Penicillin

ave diabetes
nhum Mean Chum Ngoeu Toeuk Noum
ta Em
មានជំងឺទឹកនោមផ្អែម

ll the police
ohm Hav Polis
មហៅប៉ូលីស

rections

ase take me to...
ohm York Khnum Toev...

ere is......
oev ey ya...

ere
bum

ere
u

Embassy
S'thantoot
ស្ថានទូត

Pharmacy
Or Soth S'than
ឱសថស្ថាន

Toilet
Bongkun
បង្គន់

在金边，街上几乎看不见银行等金融机构，大的商场也凤毛麟角，高层建筑也特别少见，倒是随处可见身着橘红色袈裟的僧人。这是因为柬埔寨男子一生中至少要出家一次，据说是男人成熟的标志。金边的普通老百姓月工资收入在 40 至 60 美元之间，公务员按级别在 25 美元至 80 美元不等，要是一个月有 100 美元的工资收入那绝对在这里属于高级白领了，但金边的物价并不便宜，喝碗粥，来瓶啤酒都要 1 美元以上，尤其是电费，据说是从泰国输送过来的，也特别昂贵。晚餐我们是在楼下的中国餐厅一条街上的东北饺子馆吃的，菜单上的报价并不便宜，炒菜比北京还要贵一些，饺子倒是不太贵，1 美元 12 个。老板是位东北大姐，所有的调料和俺们家哪儿没看出有什么不同，如果不是买单的时候交的是美元，我还真以为是回家了呢。

雕栏玉砌应犹在

The Legend Revealed

　　从金边到暹粒既可以坐船（25 美元），也可以乘坐大巴和飞机前往，飞机 50 分钟（机票单程 60 美元左右），船和大巴都是 6 个小时左右。对于乘船我们放弃了，一是因为我们在西贡的时候，已经领略过湄公河的风采了；二是如果坐船明天 6:30 分就要出发（一天仅一班），没有时间欣赏金边，所以从时间上考虑我们决定坐第二天中午 12:30 的大巴前往暹粒，这样我们还有一上午的时间可以参观一下皇宫等金边景点。大巴有好几家公司在运营，车况最好的是"湄公快线"，10 美元（往返 16 美元）；普通的空调大巴票在酒店预订 7 美元（有车来酒店

55 63 966 601. Fax: 855 63 966 600. E-mail: info@the-anm.com www.angkornationalmuseum.com

接），直接去车站买票 4.50 美元，酒店还代买去往曼谷和西贡等城市的车票，也代办老挝、越南等国的签证，服务倒是很周到。

金边的交通状况非常糟糕，路上很少见交通信号灯（据说还是我们中国援建的），也没有交通警察，没有公共汽车。供出租的主要是 TUKTUK（摩托车后面带一个兜，可坐 2 到 4 人）和人力三轮车。所有车辆和行人都在马路上混行在一起。大量二手的左驾车和右驾车都同时挤在马路上，摩托车的数量绝对可以和西贡媲美，但档次明显降低。不过街头也偶尔驶过高档的悍马，看来这座城市的贫富差距还是很大的。夜晚的金边除了主马路外，小巷子里黑漆漆的，走在一条条碎石子铺成的土路上，随处可见垃圾，也找不到垃圾桶。路两边是密密麻麻的三四层高的筒子楼，几乎全都年久失修，但楼下开网吧和电话吧的倒是不少，有很多是华人所开。路上行人不多，几个大排档感觉都是当地人在吃夜宵，脏兮兮的。一位刚刚从办公室回家的白领女性，穿着整齐的职业装，脚踩高跟鞋，带着

Cruise the Mekong river from Phnom Penh to Angkor Wat. Discover the deep Cambodia on board of the Izabella

柬埔寨人永远的乐观，在泥泞的土路中间走来走去，最后一座灰暗破旧的小楼掩盖了她的身影。

金边主路两边挂着写有中文与柬文的店铺招牌真是不少，几家豪华的酒店和餐厅都写着中文名字，看的出来我们华人在这儿的日子过得相当不错。王宫、国家博物馆、殖民地时代的高级酒店等金边的精华，都在洞里萨河岸边。从河岸边的旗杆上树立着所有与柬埔寨建交国家的国旗这一景观。就可以感受到一个从战火与苦难中脱身而出的国家，是多么迫切希望快速发展经济，融入外面的世界。河边的酒吧和餐厅，几乎成了西方游客的天下，一直狂欢到天明。

第二天当我离开金边前往暹粒时，我还一直在琢磨寻找怎样的词语来形容金边更为恰当，想来想去忽然觉得"雕栏玉砌应犹在，只是朱颜改。问君能有几多愁，恰是一江春水向东流"这句话也许是最恰当的。今天的金边依然寒酸和破旧，但当身处洞里萨河边和"中心市场"的时候，依然会让人感受到这个城市新兴的活力，当参观完金碧辉煌的王宫，走在金边不多的浓荫蔽日的大道上和看见步履安详的僧侣时，又会让人感觉这座王城的尊严从未丧失过。一直都很敬佩从废墟中站起来的城市，因为破坏可以让一个城市的精神凸现出来；破坏得越彻底，城市的精神显现得就越真实，越团结，也许这也是金边的魅力之一吧。

请再加 **1** 美元

　　从金边到暹粒的大巴上几乎都是前往吴哥窟游览的游客，当地人不多。大巴说不上新，但条件绝对不能和国内的豪华旅游大巴相比，也没有洗手间可用。不知道司机是为了省油，还是空调本身有问题，反正一路上让人热得难受。车上座位的选择坐在过道的右边要稍好一些，尽管窗外的风景单调，但毕竟还是可以欣赏一下的，而且也不至于被太阳晒得太狠。这一幕使我想起了当年3000美金周游世界时从埃及的开罗前往以色列途中的情景，和今天情形相差不多，唯

一不同的是那次我们的车还

坏在沙

漠里

了。这条公

路据说已经是柬

埔寨目前相当好的公路

了，和国内的二三级公路差不

多，道路非常狭窄，但还不算很颠簸。

道路两旁是一幢幢用草编成的吊角楼，里面

的设施非常简陋，一张破床，一个旧柜子也许就是

228

他们全部的家当，没有电，所以也谈不上有电视。男人没看见
几个，也许都进城打工去了，破旧的吊角楼下更多的是嘻
嘻哈哈的孩子和忙着编制手工活儿的妇女。坦率地
讲，这条 311 公里的公路，乘坐一次感受一
下柬埔寨的风情还是可以忍受的，但
如果还要坐这车从暹粒再返回
金边，个人感觉那就是
遭罪了。

　　车到暹

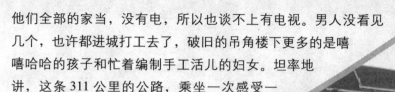

粒的时
候，天差不多已经黑
了。一下车，无数双 TUKTUK
司机的手差点撕了我，所有人
都朝你喊着"FREE"（怎么可能呢？
我反正不相信天下会有免费的午餐，对于
那些经常莫名其妙打扰来骚扰电话，说我中了什么
什么奖的事情，我向来就没有兴趣，也不会相
信是真的）。他们的阵势铺天盖地，向我们
极力推荐他的饭店或租他的车。我们突破
重围，看见一个站在旁边没有这么疯狂，
看起来很老实的 TUKTUK 司机，请他
带我们前往市中心的旧市场附近寻找
旅馆，1 美元（这个词是全柬埔寨最
流行的英文单词）车费直到我们
找到满意的旅馆为止，如果我们
住进了他推荐的旅馆，车费就
免了。

229

　　暹粒是柬埔寨最重要的旅游城市，窄窄的暹粒河从南向北流过市中心，浓荫绿地，是个可爱的国际小城市，一到晚上就像进入了联合国，街头出现的世界各国人都有，歌厅，酒吧通宵都在开，一片歌舞升平的景象，让人不敢想象这是在贫穷的柬埔寨。柬政府相当的外汇收入据说都靠这里，所以这地方的酒店数量据说也占了柬全国的一半。从最豪华的 AMANSARA 酒店（700 美元起，仅有 24 个房间，之前是西哈努克国王的行宫）到最浪漫的 SOKHA ANGKOR HOTEL 酒店（650 美元起，连接送客人的车上都会洒满花瓣），从中档的 FCC ANGKOR 酒店（之前是法国领事馆，由一个游泳池和殖民风格的老房子组成的设计酒店，90 美元起，此店柬式 SPA 特有名，价格从 30 美元／小时到最贵的"天

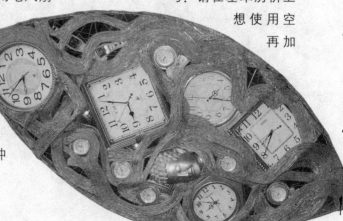

GOLDEN ◯RANGE HOTEL

堂触觉"175 美元）到低端的 GUEST HOUSE 满街都是。城市从南到北有两条主街，均在河西岸。紧靠西岸的马路有邮局、皇家别墅赫尔几家高级宾馆（$40－$80），而往西靠里一条街就布满了各式招待所和中低档的旅馆（$1－$30）。另外，在从暹粒机场到市内的道路两旁全是高档宾馆，一家挨着一家。在暹粒住宿根本就不需要预订，直接过来挑选就可以了，总有一款让自己满意，并且很锻炼人的"砍价"能力。其实旅行本身就是生活的体验，尤其异国的旅行，很多情况下思维方式与国内是不同的，但正是这种不同，才让我们感受到了世界文化的多元，有些经历回想起来还是很有趣的。比如说，在暹粒当地人进酒店的风俗就是要把鞋拖在门外，光脚进来；这里的酒店提供洗衣的服务是按照衣服重量收费的，1KG/1.5 美元；酒店还可以根据客人所需，选择是否使用房间的设施：觉得很热想使用电风扇吗？请在基本房价上加 1 美元；想使用空调吗？请再加 1 美元；想洗热水澡吗？那就请再加 1 美元，否则，呵呵，对不起，请冲凉水澡。

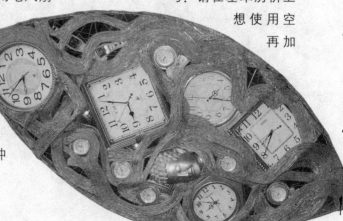

世界文化遗产——吴哥

By Hanya Yanagihara

Timeline: The Age of Angkor

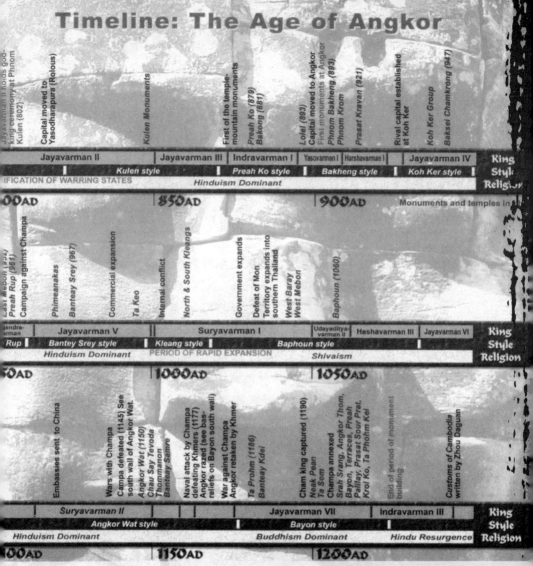

Band 1 (800AD – 900AD)

Events:
- Jayavarman II holds god-king ceremony at Phnom Kulen (802)
- Capital moved to Yasodharapura (Rolous)
- Kulen Monuments
- First of the temple-mountain monuments
- Preah Ko (879)
- Bakong (881)
- Lolei (893)
- Capital moved to Angkor / First monuments at Angkor
- Phnom Bakheng (893)
- Phnom Krom
- Prasat Kravan (921)
- Rival capital established at Koh Ker
- Koh Ker Group
- Baksei Chamkrong (947)

King	Jayavarman II	Jayavarman III	Indravarman I	Yasovarman I · Harshavarman I	Jayavarman IV	
Style	Kulen style	Preah Ko style		Bakheng style	Koh Ker style	
Religion	...IFICATION OF WARRING STATES	Hinduism Dominant				

800AD · 850AD · 900AD

Monuments and temples in...

Band 2 (900AD – 1050AD)

Events:
- East Mebon (952)
- Pre Rup (961)
- Campaign against Champa
- Phimeanakas
- Banteay Srey (967)
- Commercial expansion
- Ta Keo
- Internal conflict
- North & South Kleangs
- Government expands
- Defeat of Mon
- Territory expands into southern Thailand
- West Baray / West Mebon
- Baphoun (1060)

King	Jayendra-varman	Jayavarman V	Suryavarman I	Udayaditya-varman II	Hashavarman III	Jayavarman VI
Style	Pre Rup	Bantey Srey style	Kleang style	Baphoun style		
Religion	Hinduism Dominant	PERIOD OF RAPID EXPANSION		Shivaism		

950AD · 1000AD · 1050AD

Band 3 (1100AD – 1200AD)

Events:
- Embassies sent to China
- Wars with Champa
- Campa defeated (1145) See south wall of Angkor Wat.
- Angkor Wat (1150)
- Chau Say Tevoda
- Thommanon
- Banteay Samre
- Naval attack by Champa defeating Khmers (1177) Angkor razed (see bas-reliefs on Bayon south wall)
- War against Champa Angkor retaken by Khmer
- Ta Prohm (1186)
- Banteay Kdei
- Cham king captured (1190)
- Champa annexed
- Neak Pean
- Ta Som
- Srah Srang, Angkor Thom, Bayon, Terraces, Preah Palilay, Prasat Sour Prat, Krol Ko, Ta Phohm Kel
- End of period of monument building
- Customs of Cambodia written by Zhou Daguan

King	Suryavarman II	Jayavarman VII	Indravarman III
Style	Angkor Wat style	Bayon style	
Religion	Hinduism Dominant	Buddhism Dominant	Hindu Resurgence

1100AD · 1150AD · 1200AD

占地约 208 公顷的吴哥窟是世界上最大的宗教建筑物，距离暹粒约 6 公里，是 9－15 世纪东南亚高棉王国的都城（吴哥 Angkor 一词源于梵语 Nagara，意为都市），是柬埔寨人最大的骄傲。现存古迹主要包括吴哥王城（大吴哥）和吴哥窟（小吴哥）。吴哥是高棉人的精神中心和宗教中心，也是旅行者向往的圣地，同时吴哥遗迹也是东南亚最大

...m Asop : No. 587, Hup Guan Street, Mondol 1, Khun Svay Dangkum, Tel: (+855 63) 964 595/6, Fax: (+855 63) 964 591
...om Penh : No. 32, Street 294, P.O Box 621, Sangkat Boeung Keng Kang 1, Khun 7 Makara, Tel: (+855 23) 216 508, Fax: (855 23) 216 591
...tambang : No. 111E1, Group 17, 20 Ausacpear Village, Svay Por Commune, Tel & Fax: (+855 53) 73 00 88
Website: and

233

的文化遗产，1992 年，联合国教科文组织世界遗产委员会把整个吴哥古迹列为世界文化遗产。

从九世纪初始，吴哥王朝（802－1431）先后有过 25 位国王，统治着中南半岛南端以及越南和孟加拉湾之间的大片土地，其势力范围远远超出了今天柬埔寨的领土，是统治整个中南半岛的大帝国，也是柬埔寨文化发展史上的高峰。吴哥古迹始建于公元 802 年阇耶跋摩二世在位时期，完成于 1201 年阇耶跋摩七世在位时，前后历经 400 多年，动用工匠数万人，拉石料的大象竟有 4 万头之众，留下了吴哥城（ANGKORTHOM）、吴哥窟（ANGKORWAT）和女王宫等 600 多座印度教与佛教建筑风格的寺塔，分布在约 45 平方公里的丛林中，这其中

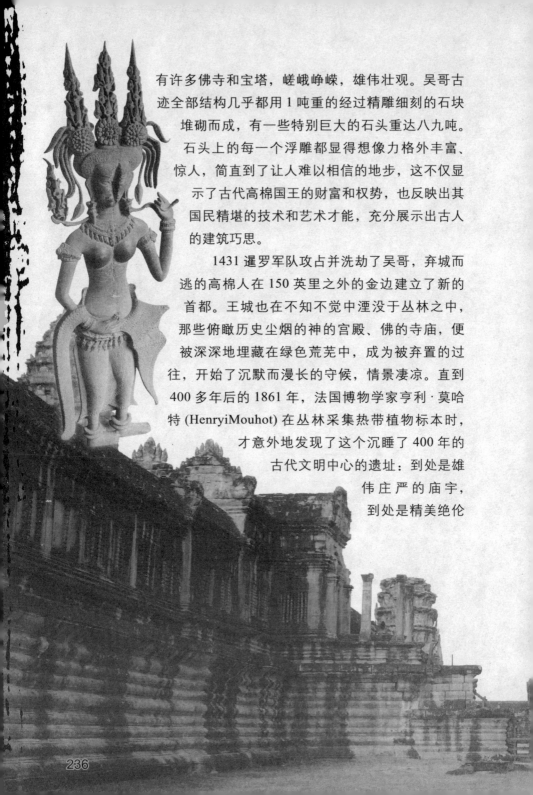

有许多佛寺和宝塔，嵯峨峥嵘，雄伟壮观。吴哥古迹全部结构几乎都用1吨重的经过精雕细刻的石块堆砌而成，有一些特别巨大的石头重达八九吨。石头上的每一个浮雕都显得想像力格外丰富、惊人，简直到了让人难以相信的地步，这不仅显示了古代高棉国王的财富和权势，也反映出其国民精堪的技术和艺术才能，充分展示出古人的建筑巧思。

1431暹罗军队攻占并洗劫了吴哥，弃城而逃的高棉人在150英里之外的金边建立了新的首都。王城也在不知不觉中湮没于丛林之中，那些俯瞰历史尘烟的神的宫殿、佛的寺庙，便被深深地埋藏在绿色荒芜中，成为被弃置的过往，开始了沉默而漫长的守候，情景凄凉。直到400多年后的1861年，法国博物学家亨利·莫哈特(HenryiMouhot)在丛林采集热带植物标本时，才意外地发现了这个沉睡了400年的古代文明中心的遗址：到处是雄伟庄严的庙宇，到处是精美绝伦的石刻和浮雕，到处是风格奇特的宝塔，还有庞大得惊人的城市排水系统和宽阔笔直的大道。张扬的大树枝杈无限地伸展，长长的枝蔓如同巨掌一般地把廊柱、屋顶包围、撕裂。榕树和木棉霸道的根系把巨大精美的石刻雕像层层缠绕。他把这一切写进自己的书中，向欧洲和世界广为宣传介绍，吴哥的面貌才得以徐徐展开，蒙尘珍珠得以重见天日，整个世界惊慕于她那岁月难掩的炫目光采，才重现光辉。

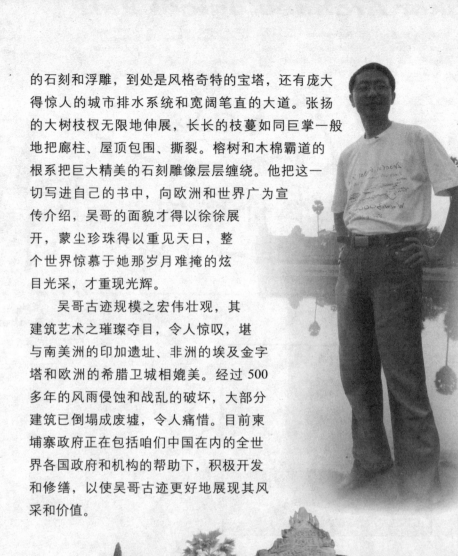

吴哥古迹规模之宏伟壮观，其建筑艺术之璀璨夺目，令人惊叹，堪与南美洲的印加遗址、非洲的埃及金字塔和欧洲的希腊卫城相媲美。经过 500多年的风雨侵蚀和战乱的破坏，大部分建筑已倒塌成废墟，令人痛惜。目前柬埔寨政府正在包括咱们中国在内的全世界各国政府和机构的帮助下，积极开发和修缮，以使吴哥古迹更好地展现其风采和价值。

最佳性价比的
"吴哥精华一日游"

吴哥景区的开放时间是 5:30 – 17:30，
门票分为三种，分别是 1 天 20 美元，3 天之
内 40 美元和 7 天之内 60 美元。上面都带有每个
人的照片，售票处现场免费快照，直接就印在了门票
上，有很好的收藏和纪念意义。买好第二天的门票，当天下
午 4 点以后就可以使用了，所以很多人会利用这一规则先进入景区欣
赏日落。很多地方都有人查票，但态度不错，如果游客被查出没票，

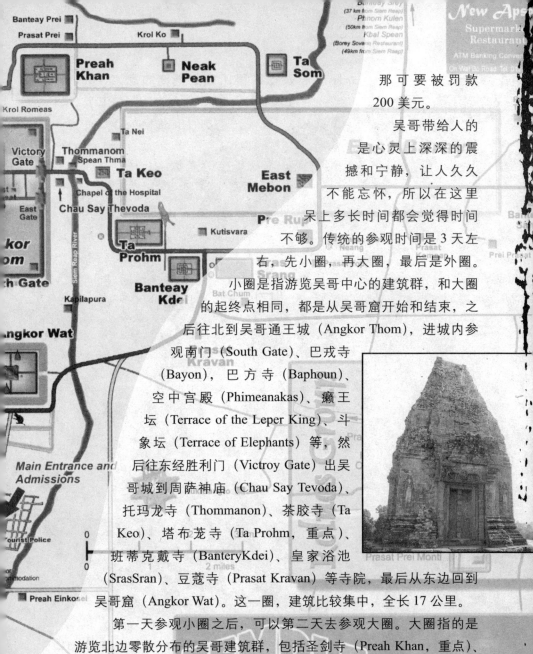

那可要被罚款
200 美元。

吴哥带给人的
是心灵上深深的震
撼和宁静，让人久久
不能忘怀，所以在这里
呆上多长时间都会觉得时间
不够。传统的参观时间是 3 天左
右，先小圈，再大圈，最后是外圈。

小圈是指游览吴哥中心的建筑群，和大圈
的起终点相同，都是从吴哥窟开始和结束，之
后往北到吴哥通王城（Angkor Thom），进城内参
观南门（South Gate）、巴戎寺
（Bayon）、巴方寺（Baphoun）、
空中宫殿（Phimeanakas）、癞王
坛（Terrace of the Leper King）、斗
象坛（Terrace of Elephants）等，然
后往东经胜利门（Victroy Gate）出吴
哥城到周萨神庙（Chau Say Tevoda）、
托玛龙寺（Thommanon）、茶胶寺（Ta
Keo）、塔布茏寺（Ta Prohm，重点）、
班蒂克戴寺（BanteryKdei）、皇家浴池
（SrasSran）、豆蔻寺（Prasat Kravan）等寺院，最后从东边回到
吴哥窟（Angkor Wat）。这一圈，建筑比较集中，全长 17 公里。

第一天参观小圈之后，可以第二天去参观大圈。大圈指的是
游览北边零散分布的吴哥建筑群，包括圣剑寺（Preah Khan，重点）、
圣龙蟠水池（Preah Neak Pean）、塔逊（Ta Som）、东梅奔寺（East
Mebon）、和比粒寺（Pre Rup，看日落）等，前半部分大圈和小圈是重
合的，只是小圈出通王城的东门，而大圈则出北门，全长 26 公里。

外圈一般是指路程比较远的高布思滨（KBAL
SPEAN）、女王宫（BANTEAY SREI）、崩
密列（Beng Melea）和巴孔
寺（BAKONG）

以及
神牛寺（PREAH
KO）。按照这地方 TUKTUK
的行情，小圈一般是 10 美元／天，大圈
10－15 美元／天，第三天外圈的行程比较远，尤其是

到崩密列（需要另外购门票，5美元），车费还要再加5-10美元。以上我说的都是TUKTUK的价格。如果4个人的话，包一辆当地的出租车也不错，平均20—30美元/天，用的越多当然也越便宜，一般情况下司机的英文明显要好与TUKTUK司机。

我们在暹粒希望能尽量错开密集的旅行团队，所以在传统的线路之上，自己琢磨出了一条独特的"吴哥精华一日游"线路。这其中既有巴戎寺、巴方寺、空中宫殿、癫王坛、斗象坛、胜利门、周萨神庙、茶胶寺、塔布茏寺、皇家浴池和豆蔻寺等小圈中的寺院，也有大圈中的比粒寺、圣剑寺和外圈的女王宫，个中精华是一网打尽。与

昨晚送我们找酒店的小伙子一商量，他感觉也不错，"性价比"很高，算是走马观花精华游吧，谁让咱不是历史专家呢，呵呵。线路确定下来了，之后就是价格了，最后20美元成交，包括第二天早上把我们送到距离市区很近的暹粒机场。

以我个人看来，参观吴哥，一般情况下，两天是个不错的时间，寺庙看太多的话，一般人会产生视觉疲劳，可先买一天票看看，如果觉得意犹未尽，再买第二天的票也不迟。当然如果有这方面兴趣，那住上一个月都不嫌多。

赚钱的速度
竟然比印钞的速度还快!

晚上时候,我在这里超市买了两瓶 1.5 升蓝瓶装 Bayon 牌的矿泉水,1 美元。水在这里可是好东西,当地温度非常高,没水那可要成"上甘岭"了,所以一定要带足。暹粒街上的 24 小时超市和银行比金边多,像个小现代化的国际城市。第二天早上 5 点,天还没亮,小伙子就已经在楼下准时等我们了。拿着电筒和一大包从国内带来的糖块和清凉油(给当地孩子们的),还有防晒油和墨镜以及从酒店免费拿的《siem reap Angkor visitors guide》小册子,我们坐上了 TUKTUK,开始了吴哥朝圣之旅。

清晨还是有点凉,加件薄衣或者长袖衣服为好,清新的风呼呼地吹在脸上(估计女孩们要准备围巾了),让我感觉很舒服。可能是期待的原因吧,虽然没有睡几个小时,但此时一点儿困意也没有。售票处已经开了许多窗口,灯火通明的,我们到的时候,还没有看见坐着旅游车来的大队人马,所以人也不是很多。卖票的小姑娘可能也刚起,收钱的时候还冲我打了个哈欠,当她发现我正对着她的哈欠照相时,脸马上红了。接过票一看,刚刚照的数码照片已经印在票上了,奇怪的是,票上印的是一家酒店公司管理而不是柬埔寨政府。后来才知道,这个 日进斗金的买 卖,柬政府交给这家公司来经

营了。一听此话，立刻让我对这家公司刮目相看，真是厉害，一本万利，赚钱的速度竟然比印钞的速度还快！

　　检查人员礼貌地检查了我们的门票后，在上面打了个洞，就表示我们前来吴哥窟报到了，上桥通过195米宽的护城河，就进入以建筑宏伟与浮雕细致闻名于世的吴哥窟了。作为吴哥古迹的重要建筑，也是世界上最大的寺庙和柬埔寨三大圣庙之一的吴哥窟，建筑面积达195万平方米，其最主要建筑是建在寺庙中心三层台基上的圣塔。整个寺庙建筑的布局，以宽广的庭院与紧凑的建筑物相结合，衬托出中心圣塔的高大、宏伟气势。其建立者为神勇善战的高棉国王苏利亚瓦尔曼二世，共动用了30万工匠和最优秀的彩绘师、建筑师和雕刻家，历时37年才宣告完工。这哥们当年还臣服过宋朝，所以宋朝曾经发扬了一把国际主义风格，派出军队协助他攻打越南的回教蚕族，也帮他平定了境内诸侯，使当年的高棉王国实力达到了顶峰，至今在里面的很多壁画上还刻有中国人的形象。目前吴哥窟（也叫小吴哥）是整个吴哥遗址中保存最完好的寺庙建筑，作为国家的象征，连柬埔寨国旗上都有它的身影，从这也可以看出吴哥窟在柬埔寨人心目中的地位。与其他寺院所不同的是，当年建立吴哥窟的主要目的是为了供奉兴都教的"梵天"神（Vishnu），也就是维持宇宙秩序及和谐的保护神。由于此神的代表方向是西方，所以吴哥窟是吴哥古迹中大门朝西的建筑，太阳在吴哥窟后边升起，因此选择在这里看日出也有着与别处不同的意义。

从西门进来，沿着中央大道向东直走，就到了城墙的入口。在这里我们稍微放慢了一点脚步，其门后边东南墙壁上的天女(Apsara)浮雕墙目前保存良好，是吴哥窟的精品。只见墙上呈现舞蹈形态的天女雕像每一尊的表情、面貌、衣着完全不同，光发型就有30多种，个个都隆胸细腰，头戴华丽的头冠，显得雍容华贵，和今天的柬埔寨人普遍干瘪瘦小，皮肤黝黑有着天壤之别。以千年前的雕刻技术来说，当时的工匠竟然能把这些仙女刻画得如此活灵活现，真是鬼斧神工之作！资料上讲，南面墙上有一个石雕人物非常特别，是在几千个飞天女浮雕中唯一露出牙齿而笑的天女，我拿着电棒找了半天才发现，呵呵，的确是一个让人心动的浮雕。

欣赏日出在这里可以选择三种角度：一是在城墙内的回廊上看，效果是可以看到两边的七头蛇和吴哥主塔的全景；二是一直前行登上圣塔，坐在上面，居高临下，让阳光同时沐浴在圣塔和自己的身上。由于在城墙和第一回廊之间左右各有一个水池，左边的水池有水；而右边的水池则干枯了，所以第三种是可以站在右边的水池边，等太阳出来时，在水面的映衬下，完全重影的五座圣塔和太阳同时出现在画面上，非常壮观。

随着时间的推移，周围聚集的人也是越来越多，一听声音就知道很多是俺们同胞。这可是好事啊，比之2002年，我周游世界的时候，今天越来越多的国人敢于自助出国旅行了。调整好角度，在池边静静地等待，不大一会，红彤彤的太阳在远方一点点地露出头来，把云层染上了一圈金红色的边，宛如血色的莲花在空中绽放，五座圣塔的轮廓也在晨曦中逐渐明晰起来，被披上了一层红色的霞光，显得宏伟而壮观。我的心此时也感觉暖暖的，静静的，一种震撼久久不能散去……

已经凋零的 沧桑

　　欣赏完日出之后，大批人马不是逛小圈，就是逛大圈去了，还有的回暹粒吃早饭去了。这段时间对我们来说，可以趁着没有太多游人，安安静静地享受吴哥这场盛宴。

　　吴哥窟的建设体现了高棉寺庙建筑学的两个基本的布局：祭坛和回廊，由台基、蹬道、回廊、宝塔构成了错综复杂的建筑群。布局规模宏大、比例匀称、雕刻精美细致、设计简单庄严、细部装饰瑰丽精致，堪称高棉古典建筑艺术的顶峰。其中最引人注目的是有五座宝塔的主殿，此主殿建在吴哥窟的中心，被三重石砌回廊团团环绕，按五点梅花式排列的五座宝塔，象征印度神话中位于世界中心的众神仙居住的须弥山的五座山峰，也象征印度教和佛教教义中的诸神之家和宇宙中心。寺庙外围环绕一道护城河，象征环绕须弥山的咸海。此外，须弥山也被七重山、七重海一层层地围绕，这里指的便是环绕着主殿而建的重重回廊和护城河了。

　　我们从石道尽头的石阶进入回廊后，便进入了吴哥窟的主建筑。

围绕主殿第一层台基的回廊被誉为世界上最长的浮雕回廊，这条800米长回廊的内壁、廊柱、栏杆、石墙和窗楣上刻满了极具印度艺术色彩的精致浮雕，除了印度神话里的故事及苏利亚瓦尔曼二世的生平事迹（多取材于印度史诗《摩诃婆罗多》和《罗摩衍那》及印度教神话《乳海》）之外，还有一些关于皇家战争、出行、农业和手工艺等方面的场面。这些浮雕场景众多，人物形象逼真，姿态生动。雕刻手法娴熟，采用重叠的层次来表现深远的空间，堪称世界艺术史中的杰作。站在窗棂前，倚靠着斑驳的墙壁，虽然历经1000多年的洗刷，当年青色的石头建筑，如今已经变成了没有任何修饰的黑白墙体，支撑的柱子大部分都已塌陷，所见都是残损，所感都是沧桑，但依然可以使人想象到当年的辉煌。

　　黄昏时分要是进入这里，由于光线的原因，所见的景物和现在截

然不同，这里也是吴哥欣赏日落的好地方之一。现在里面的高塔被封了，没有机会体验一下传说中的"爱情天梯"了。"爱情天梯"据说是一个法国人为了纪念他在这里身亡的爱妻所修。为了感受这里宁静的氛围，我们还特意去了一下它的东门。一路上，除了我们之外没有再碰见其他游人，此时早晨的阳光照在身上，万籁俱静，呼吸着不曾被污染的清新空气，仿佛接受了一次神的洗礼，一份莫名的感动。

「八国联军进北京」

吴哥窟的前面就是大吴哥，也就是吴哥通王城了。在梵语中，"吴哥"就是城市的意思，"通"是大的意思，所以，吴哥通就是大城市。为区别于吴哥窟，当地人又称之为"大吴哥"。

去大吴哥的路上，两旁的树木郁郁葱葱，一路上可见到一些学校和医院，偶尔还有胆大的猴子，建筑和环境要明显好于城内的居民建筑。过了著名的巴肯山不久，就到达了大吴哥的南门。

大吴哥是当年吴哥王朝的都城，被保存完好的8米高正方形城墙所围绕。

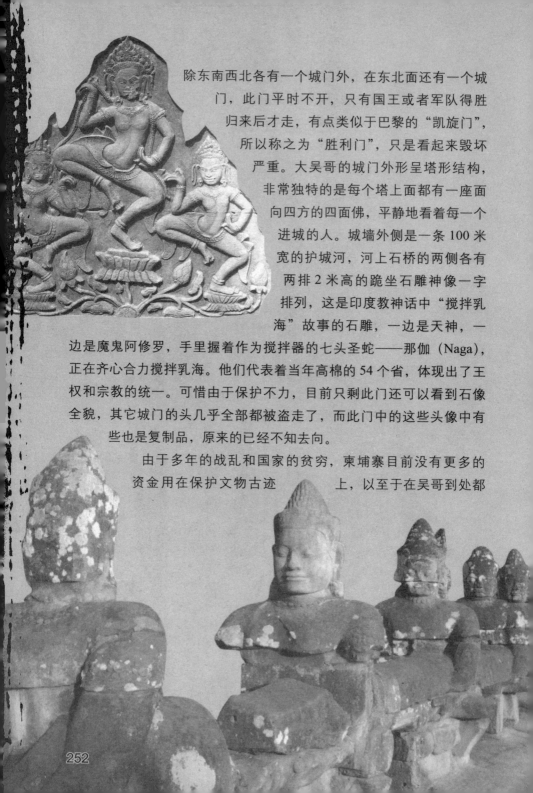

除东南西北各有一个城门外，在东北面还有一个城门，此门平时不开，只有国王或者军队得胜归来后才走，有点类似于巴黎的"凯旋门"，所以称之为"胜利门"，只是看起来毁坏严重。大吴哥的城门外形呈塔形结构，非常独特的是每个塔上面都有一座面向四方的四面佛，平静地看着每一个进城的人。城墙外侧是一条 100 米宽的护城河，河上石桥的两侧各有两排 2 米高的跪坐石雕神像一字排列，这是印度教神话中"搅拌乳海"故事的石雕，一边是天神，一边是魔鬼阿修罗，手里握着作为搅拌器的七头圣蛇——那伽（Naga），正在齐心合力搅拌乳海。他们代表着当年高棉的 54 个省，体现出了王权和宗教的统一。可惜由于保护不力，目前只剩此门还可以看到石像全貌，其它城门的头几乎全部都被盗走了，而此门中的这些头像中有些也是复制品，原来的已经不知去向。

　　由于多年的战乱和国家的贫穷，柬埔寨目前没有更多的资金用在保护文物古迹　　　　　　上，以至于在吴哥到处都

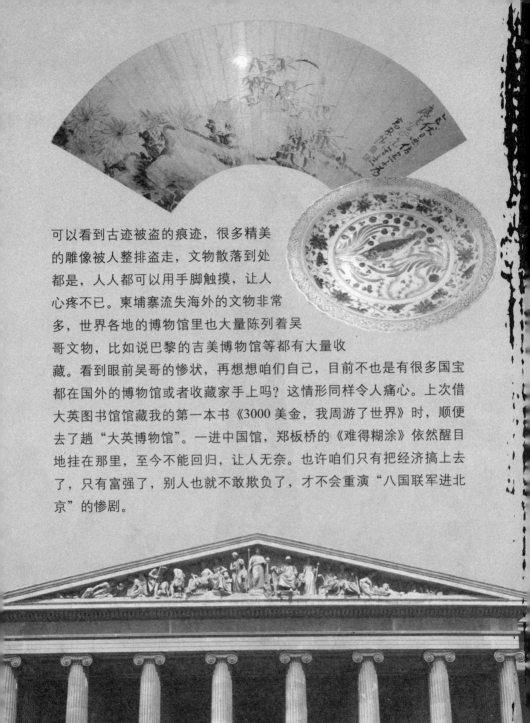

可以看到古迹被盗的痕迹，很多精美
的雕像被人整排盗走，文物散落到处
都是，人人都可以用手脚触摸，让人
心疼不已。柬埔寨流失海外的文物非常
多，世界各地的博物馆里也大量陈列着吴
哥文物，比如说巴黎的吉美博物馆等都有大量收
藏。看到眼前吴哥的惨状，再想想咱们自己，目前不也是有很多国宝
都在国外的博物馆或者收藏家手上吗？这情形同样令人痛心。上次借
大英图书馆馆藏我的第一本书《3000美金，我周游了世界》时，顺便
去了趟"大英博物馆"。一进中国馆，郑板桥的《难得糊涂》依然醒目
地挂在那里，至今不能回归，让人无奈。也许咱们只有把经济搞上去
了，只有富强了，别人也就不敢欺负了，才不会重演"八国联军进北
京"的惨剧。

千年长河洗尽铅华

站在城门处抬头上望，只能见到一孔蓝天，上面全是错落堆砌的石块。石块顶部雕有象征国王的四面佛像虽然布满了青苔，但大致轮廓还是能够看到。城门的开口很窄，只能容纳一辆大客车或者一头大象通过（从这里骑大象到巴戎寺，10美元）。据说以后为了保护古迹，车就不允许进了。穿过高而窄的城门时，一定要在这里照张像，很有纪念意义。走进王城，我们就如同走进了神话的世界。

吴哥王城其实就是以巴戎寺为中心的10平方公里的巨大城区，是吴哥鼎盛时期的政治宗教中心，沿着大道一直走，就到了这个王城的中心。巴戎寺建于12世纪末到13世纪初，由吴哥王朝的阇耶跋摩七世所建造，是为了纪念他成功驱赶邻族的占婆人（在今越南），夺回沦陷的吴哥而建的。他将原来只是座小庙的巴戎庙，在短时间内扩建成规模巨大、气魄宏伟的皇家寺庙，但不幸的是，随着神庙的建成，吴哥王朝的国力也从极盛逐渐转向衰败，最后为异族所灭。

寺庙的建筑结构相当复杂，经历过多次重修、改建和扩建，现在的建筑实际上是由两座不同时代的寺庙叠加而成。它总共为三层建筑，分别象征地狱、人间、天堂。下边两层是正方形，而第三层建筑是圆形。这是因为建造者阇耶跋摩七世当时对能否完成这一宏伟建筑缺乏足够的信心，所以它是完成一段之后再继续修建下一段。从外表上看，巴戎寺像是破破烂烂的一座塔山，最外面的部分有的已经摇摇欲坠，用木棍支撑着，但上到第三层时，才能感受到它的魅力。整个建筑物由54座大大小小的哥特式宝塔组成，同样象征着吴哥王朝的54个省，每座塔的顶部都雕着有阇耶跋摩七世影子的巨大四面佛，总共四面佛塔共有216张微笑的脸，从塔尖微笑着俯瞰四周，注

视着芸芸众生。这就是与蒙娜丽莎的微笑齐名，蜚声世界的"高棉的微笑"。

这些看似相同半眯着眼睛嘴角上翘的笑脸，仔细端详却有着微妙的不同，不管站在哪个位置，都能看到高高在上的佛像，无论身处寺庙哪个角落，都会发现有带笑的眼睛注视着自己，既感到神奇，也有一丝悚然。

巴戎寺的浅浮雕全长1.2公里，与吴哥地区其他寺院不同的是，这儿的浮雕除了表现神话和宗教故事之外，还以现实生活为题材，大量表现了当年高棉王国的世俗生活，包括日常生活、战争、渔猎等场面，共刻画了11000多个形象。这样世俗化的雕塑题材在吴哥建筑群

中是非常少见的，尤其是第一层外墙上的雕刻，非常值得一看。其中有表现宰杀牲口的中国人、漂洋过海的商人、清明节包粽子的乡民，还有挂着银元宝斗鸡的赌徒以及妇女在市场上卖鱼和中国士兵在战场上杀敌的场景。而第二层就明显差了许多，不仅表现的故事不连贯，雕刻也不如第一层精美，与"吴哥窟"更是无法媲美。

在晨曦中，我爬上了一处高台，坐着凝望那一个个微笑的佛像，内心充满了感慨。时光在一寸寸地侵蚀着曾经细致精美的雕刻，风雨也推倒了坚实的廊柱和穹顶，千年长河洗尽铅华，吴哥的光荣与梦想今天都已化作了历史的尘埃，但即使如此，吴哥壮美依旧！

天道酬勤

在大批旅游团进入巴戎寺之前，我们离开了这里，前往隔壁的巴方寺。

巴方寺建于优陀耶迭多跋摩二世 (Udayadityavarman II) 时期，大约 1050－1066 年间，与斗象坛、空中宫殿和癞王坛遗址相连，为三层迭涩截顶金字塔形，是历史上第三座吴哥城的中心，是奉献给湿婆神的庙宇。阖耶跋摩七世重建吴哥时，保留了此寺，但城中心由巴方寺转移到巴戎寺了。

通往巴方寺的是一条 200 多米长的砂岩石道，寺庙中心建筑高 43 米，不过现在已经坍塌，从西边楼梯爬上去，可以看到巴方寺闻名于世的浅浮雕。浮雕的图案除了取材自印度史诗《摩诃婆罗多》和《罗摩衍那》之外，在入口的左边和右边，还可以看到一些生动的动物、欢乐的音乐家和神秘的怪兽图案，这些图案的诞生都为吴哥窟和巴戎寺大面积浮雕的出现奠定了基础。目前该寺严重坍塌，很多图案都已经看不清了，虽然来自法国的工程技术人员正在修复，但修复了很多年，进展还是不大。阖耶跋摩七世如果现在地下有知，会不会特开心，完全机械化作业的现代技术竟然比不上他当年的人搬手扛！

"其内中金塔，国主夜则卧其上。土人皆谓塔之中有九头蛇精，乃一国之土地主也，系女身。每夜见国主，则先与之同寝交媾，虽其妻亦不敢入。二鼓乃出，方

259

可与妻妾同睡。若此精一夜不见，则番王死期至矣；若番王一夜不往，则必获灾祸。"以上这段文字是元朝赴柬埔寨的使节周达观（约1266年－1346年）所著《真腊风土记》一书里所记载的传说。传说中"金塔"的所在地就是距离巴方寺不远的Phimeanakas寺，俗称"空中宫殿"。我们从巴方寺出来后向北，参观完因高台下布满了战象的雕刻而闻名的斗象坛之后，就来到了该寺。此殿始建于苏利耶跋摩一世时代，首次采用了表面涂金的装饰方法，是当时吴哥城里最高的建筑。整体结构接近于金字塔形，四面很陡，庙殿在最上面。因为顶端庙殿很高，向四面望去，很有点"空中"的感觉，所以得此名。由于这里是二段式建筑，爬上平台后，通往寺顶的台阶更陡，也不好攀爬，所以下来的时候更要特别当心。当时我向上爬的时候就想，这做国王的也真不容易，每天都要爬上爬下的，还真是一件艰苦活儿。可话又说回来，我们做任何事情如果想做好，做成功的话，哪有容易的呢？不付出辛苦就不会有收获，天道酬勤！

台湾永远属于中国!

提琶南、癫王坛、十二塔庙南北仓和普拉帕利雷寺等景点都在这附近，不过遗憾的是，其中的大部分景点因为战乱和岁月的沧桑，要么成为了废墟，要么根本就成了遗迹，很多东西只能凭借我们的想象了。一圈转下来，在破败不堪的普拉帕利雷寺休整了一下之后，我们经"胜利门"走出了"大吴哥"，前往不远处的周萨神庙。

建于12世纪上半叶的周萨神庙虽然是一座规模很小的寺庙，但现存9座单体建筑中除西塔门保存较好之外，其余8座建筑毁坏情况极为严重，其中两座藏经阁和北门更是仅存基座，和绝大多数吴哥古迹一样，迫切需要维修和保护。鉴于柬埔寨目前的实际情况，联合国教科文组织于1993年10月在日本东京召开了帮助柬埔寨留住吴哥遗址的国际会议，通过了《东京宣言》，呼吁世界各国无偿参与对这个重要的世界文化遗产的维修和保护。

此宣言一出立即得到了包括我国在内的世界各国的大力支持，十几个国家承诺参与拯救吴哥古迹的国际行动，给予柬埔寨无偿的经济和技术支持。很快小小的吴哥就成了"联合国"，各国大军陆续开到，画地为牢，开始了工作，如巴方寺交由了法国，巴戎寺则给了日本，印度承包了塔布茏寺。十几年间，相关国家共捐款5000万美元，用于恢复吴哥窟遗址的各项建筑和扫除周围的地雷，一时间，小小的吴哥成为了世界各国展示其文物保护技术的舞台。

我国确定了以周萨神庙作为第一期援柬文物保护项目之后，先后无偿投入 1450 万元人民币，比起法国、日本、印度、德国等，肯定要少得多。但是，此项目在合理计算成本、合理安排工期等方面，都和《3000 美金，我周游了世界》一书倡导的"性价比"旅行一样，做到了花最少的钱干最多的事。这也是中国首次参与对外文物古迹和修复工程，成功体现了作为一个负责任的文物大国积极承担国际义务的形象。"2000 年，在中国工程技术人员刚刚开始修复周萨神庙时，那里满目断壁残垣，杂草丛生，神庙四周散落着数千件从古建筑上倒塌下来的大小不同、形状各异的石构件，而且大的构件每块都重达一吨多。别说将它们复位，就是移动起来都十分困难。然而，中国吴哥保护工作队经过 7 年的'精雕细琢'，最终将这些石构件'对号入座'，使这座古迹重现了昔日的风采。"上面这段话是柬埔寨驻华武官奇萨洛姆上校，对中国吴哥保护工作队所做的评价。

2006 年 10 月 18 日，柬埔寨王国政府决定根据第 684 号法令，授予 71 岁高龄的文物保护专家姜怀英先生和队长刘江先生"骑士级莫尼萨拉蓬勋章"，这是柬埔寨政府对外国公民授予的最高荣誉，也意味着柬政府对"周萨神庙维修保护工程"的高度认可。目前，由我国援助的第二个项目——茶胶寺保护工程也将于今年开始启动，预计 2014 年完工。茶胶寺是唯一一座没有浮雕的寺院，之所以如此，是因为修建者苏利耶跋摩一世驾崩而停工。据说，茶胶寺如果最终建成的话，将是吴哥最精美的寺庙之一。

也正因此原因，此庙几乎成为了每一个来吴哥的中国人都要拜访的地方。翻开留言簿，上面写满了世界各地很多华人留下的钦佩、祝福或者建议的语句，读后让人热血沸腾，深深为自己是一名中国人而感到自豪！翻着翻着，忽然发现了不和谐的声音，一行字印入我的眼帘：台湾不属于中国！当时我毫不犹豫地拿出笔，先在那句话上画了个叉，接着又在旁边写下了几个大字：台湾永远属于中国！

"如果有多一張船票，
你会不会跟我一起走？"

263

　　"摇曳的旗袍，昏黄的路灯，梳的一丝不苟的爱司头，一切欲说还羞的情感，如一张泛黄的老唱盘，在岁月的留声机中静静旋转……"这是电影《In the mood of love》里的场景。梁朝伟在片尾幽幽地说出那句"如果有多一张船票，你会不会跟我一起走？"已经深深地印在无数人的脑海中了。片中最后出现的场景就是吴哥古迹中光影纠缠的塔布茏寺，他对着墙上的窟窿埋葬了关于1962年的秘密。没有喧闹的浮躁，没有泡沫文化的缩影，只是哀婉却唯美地唱着一首老歌：花样年华。

　　这部电影还是我在剑桥读书时，在学校的艺术电影院里看的呢，没想到，事隔几年，我竟然亲身来到了这个让人遐想的地方。这座同样由高棉国王Jayavarman Ⅶ建造的寺庙与献给他父亲的圣剑寺相对应，是奉献给他博学多才的母亲的。当年，这是一座很大的寺院，具有庙宇和修院双重功用，光装饰寺院的黄金就耗费了5吨之多，配有高僧、祭司和舞女等5000人。而如今这里带给人最多震撼的，不是精美的雕塑，繁复的建筑工程，而是树干和寺庙盘根错节，互相争斗，犹如一对几世怨侣，纠缠不清。这座目前吴哥古迹中唯一没有被修护的寺庙，依然被压在树根之下，保存着 200 多年前法国探险家发现它时的样子，树与庙成了一种鲜明的对比，带给世人巨大的震惊，呈现出一种残缺壮观之美。也正因如此，人们也不知道该从何下手保护？如果拔掉这些古树，所有的建筑顷刻间就会跌落成一堆碎石，可是目前又没有人能够想出既不让古树枯萎，又不让古寺受损的方法，所以，也只能眼看着两者更深地结合⋯⋯

中午时分，当其他寺庙都直接暴露在强烈的阳光下时，这里由于有许多大树的遮蔽，却并不显得炎热，成为吴哥最幽静和最凉快的地方。当我们屏住呼吸，轻手轻脚走进寺内时，竟然还听见了难得的鸟鸣。欣赏这里，是需要远离人群，独自安静欣赏的，所以我们选择的这个时间也是不错，否则在这里很难照出一张不带人的相片。走进寺内，满眼

都是风景，在过去的一千年里，整座寺庙已
被森林慢慢侵蚀，到处都是神殿与高大的古树
互相盘绕在一起的画面。许多大树的根部经过数
个世纪的伸展，已经紧紧地包住了庙宇的塔顶，直
接生长在寺庙的建筑上。几处墙体已经裂开、倾斜、
一些精美的雕花石头已经落下，遍地都是散落的石块和
构件，横七竖八的倒在路边，可是建筑本身依然顽强地站立
着。在这里树和寺院是这个建筑群的主题，犹如两个交战的拳击
手，延续着已经持续千年的人与自然的搏斗，而这场搏斗的时间，
是用世纪来计算的。走在寺里，看到这些不禁让人感受到生命的顽
强，不，不仅是顽强，而且是强大。

　　整个塔布茏寺很少有两层以上的建筑，墙壁和雕像上，是墨绿色
的斑驳的苔藓印痕。阴暗的神殿大厅和回廊，几乎没有什么光线，石
像在异常狭窄的暗室中静立，仿佛在诉说文明的衰亡。走在满是树根
和乱石的路上，既要时不时抬起头来判断搭住一角的房梁有没有坍塌
的危险，也要时时留意脚下是否会踩到白色的枯枝老藤。风过树摇，
光影婆娑，这种精致的废墟与繁茂的老树彼此交融的感觉，真像梦境
一般，让人感觉恍如时光倒流，不由得再次想起那句话："如果有多一
张船票，你会不会跟我一起走？"

267

両者相对，感慨万千

出塔布茏寺后，我们下午参观的重点是圣剑寺、比粒寺和外圈的女王宫，在去女王宫的路上，我们顺道还去了皇家浴池。

如果说塔布茏寺象征着千年爱情的难舍难分，那圣剑寺给人的感觉会截然不同——空旷，高大，宏伟。据传，圣剑寺曾经是国王的行宫，当年Jayawarman VII 指挥建造大吴哥城时，这里就成了国王临时的住所，也就是他举行朝拜和读书的地方。其长方形的围墙长 800 米、宽 700米，虽然有着与塔布茏寺相似的结构，带有围墙的塔形寺庙，有着错综复杂的拱形长廊，但与塔

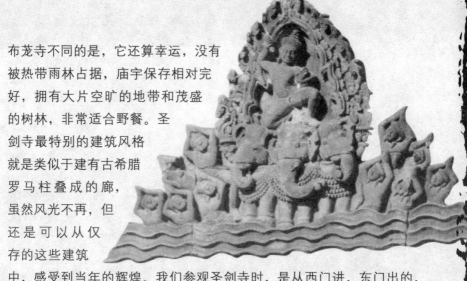

布茏寺不同的是，它还算幸运，没有被热带雨林占据，庙宇保存相对完好，拥有大片空旷的地带和茂盛的树林，非常适合野餐。圣剑寺最特别的建筑风格就是类似于建有古希腊罗马柱叠成的廊，虽然风光不再，但还是可以从仅存的这些建筑中，感受到当年的辉煌。我们参观圣剑寺时，是从西门进，东门出的，在东门入口处有一座两层建筑物，据说这座房子就是用来存放圣剑的，而通向东门的道路两旁长满了几十米高的参天大树，走在上面，使人依稀还能感受到它曾经拥有的王家气质。而就在门口不远处、拥有王家气质的参天大树之下，一个小小的残疾人乐团，每当有游客走过的时候便开始演奏。他们是在战争中被地雷炸断腿的直接受害者，在很多寺庙的入口处都能见到他们的身影。在炎炎烈日下，在灰尘暴土的恶劣环境下，尽管其演奏的柬埔寨传统音乐总是能吸引来自全世界的游客，可是他们面前的钱篓里总是几张数目不多的纸币。高棉王国昔日的辉煌和他们子孙现在的贫穷，两者相对，无法不让人感慨万千，心里发酸……

智慧与先知

吴哥城东北约25公里处，以小巧玲珑、精细剔透而著名于世，被誉为"吴哥古迹明珠"的女王宫是我们今天去的最远的地方，但绝对是一个值得前往的地方。这个用来供奉婆罗门教毁灭神湿婆的寺庙，坐西朝东，长200米，宽约100米，内外有三层红沙石砌成的围墙，中心为3座并列的塔形神祠和左右对称的配殿，朱红色的塔祠建在一个一米多高的台基上，非常精美。走在女王宫里面，可能是下午的原因，没有太多的游人，正好让我们很从容地欣赏其无处不在的精美雕刻，从门框到立柱，从窗棂到墙壁，整个建筑几乎从头到脚都被雕刻了一遍：石廊、石柱、石门、石墙等无处不雕，无所不刻。无论是神话故事中的主角；玉柱上的人物、山水、鸟兽、花卉等雕刻；还是装饰用的花瓣、花束、花环和树叶圈等都栩栩如生，巧夺天工，堪称世界艺术的瑰宝。女王宫整个的尺寸好像都比大吴哥小了一号，门高仅有1.5米，远看就像一个童话王国中的宫廷，在下午阳光的照耀下，有着特殊高棉红土色的女王宫显得更加秀美。

越是走在这座曾400年之久，一直现的宫殿之中，越着我：一个诺大的几代的文明，竟然忽消失？而对于这段我们竟然在这个国家还找不到太多的文字记载，只有显现在我们眼前这

深藏于深山老林中达到1914年才被重新发是一个问题始终萦绕王朝，一个曾经盛极然从人类历史的视线里辉煌的历史，

些精美的浮雕和极尽繁华的宫殿，仿佛在讲述着这一段辉煌的历史。女王宫也同吴哥古迹中的其他精美绝伦的宫殿一样，默默隐于山林，直至完全淡出人的视线几百年后，才被人们重新发现。是什么原因让一个王朝不朽的记忆如此奇特地被完整地保存下来？是柬埔寨人民朴质的个性和乐观的性格，以至于将这里所有的一切全部遗忘？还是吴哥王朝的缔造者真的有着先知般的智慧，在他们最鼎盛的时候就已经安排好一切，从而让几百年后的全世界朝圣者都来到这里来感悟人生，感悟一切，以便让他们贫穷的后代无论经历多大的苦难，但依然可以有一份持续不断的微薄收入？抑或是……无论什么原因，我对吴哥伟大的缔造者充满了敬畏，也许他就是柬埔寨所有智慧与先知结合的产物，让这里的一切充满了东南亚宗教的玄迷，留给了世界一座历史文化的丰碑。

对女王宫的惊叹还意犹未尽，我们又来到了又称变身塔的比粒寺。这个寺庙因国王们相信火化之后会化身为伟大的神灵，所以有"变身"一说，是吴哥建筑早期砖与石混合结构的代表，用来举行已逝国王火葬仪式的庙宇。寺庙是一座三层的金字塔型建筑，顶层五座宝塔按梅花状排列，在东侧通往神龛塔阶梯前有座长方形的停棺台，底座是破坏神 Siva 的坐骑黄牛 Nandi 的雕像，

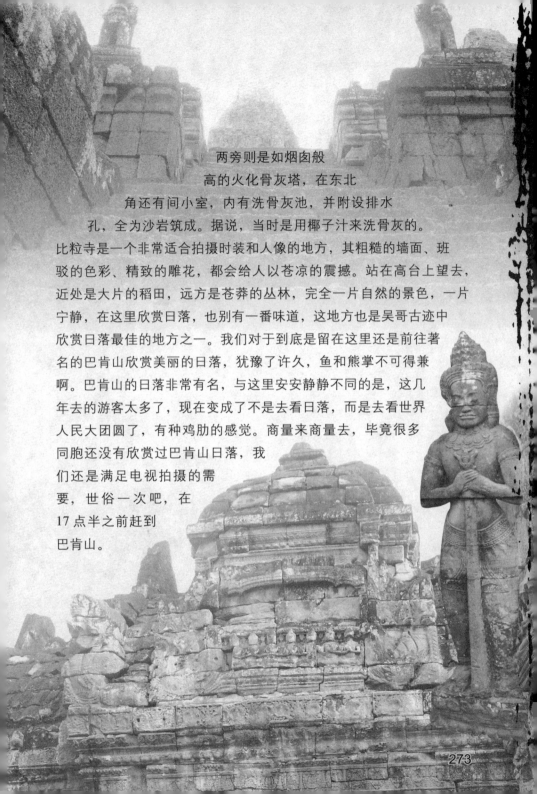

　　　　　　两旁则是如烟囱般

　　　　高的火化骨灰塔，在东北

　　　角还有间小室，内有洗骨灰池，并附设排水

　孔，全为沙岩筑成。据说，当时是用椰子汁来洗骨灰的。

比粒寺是一个非常适合拍摄时装和人像的地方，其粗糙的墙面、班

驳的色彩、精致的雕花，都会给人以苍凉的震撼。站在高台上望去，

近处是大片的稻田，远方是苍莽的丛林，完全一片自然的景色，一片

宁静，在这里欣赏日落，也别有一番味道，这地方也是吴哥古迹中

欣赏日落最佳的地方之一。我们对于到底是留在这里还是前往著

名的巴肯山欣赏美丽的日落，犹豫了许久，鱼和熊掌不可得兼

啊。巴肯山的日落非常有名，与这里安安静静不同的是，这几

年去的游客太多了，现在变成了不是去看日落，而是去看世界

人民大团圆了，有种鸡肋的感觉。商量来商量去，毕竟很多

同胞还没有欣赏过巴肯山日落，我

们还是满足电视拍摄的需

要，世俗一次吧，在

17 点半之前赶到

巴肯山。

273

太阳，明天还会升起

巴肯山是吴哥古迹内海拔最高的一座小山，高约 70 米，站在山顶可以俯瞰吴哥全貌。山的西边是开阔的西池 (West Baray)，东南方丛林中是吴哥窟。据说，这里是全球观赏日落最佳胜地之一，还有一种说法说这里也是失恋者们最想来的地方之一（怪不得后来发现好多人都是只身前来呢！），于是每天早晨日出前和下午 5:30 左右，很多游客都会慕名前来，追忆这个失落的文明。到时候这里会人山人海，熙熙攘攘，感觉就像坐进了露天体育场的观众席，热闹得像个公园，让这个自然景观到处充满了浓郁的人文气息。

上山的方式，一是可以沿略为陡峭的山路走 15 分钟左右，山路不算十分难走，但路上全部是土，要做好回来后擦鞋和刷牙的准备；二是可以沿坡度较平缓的小路走上，但路途有点远；第三种方式也可以选择乘坐大象，15 美元。但我看见有个老外坐在大象背上一颤一抖的，真替他捏把汗。以上这些方式严格意义上讲，只能抵达到大半山腰的地方。

要想抵达上顶，还要上一段阶梯，阶梯很陡，几乎九十度直上直下，而踏面只有半只脚的进深，高度却接近小腿，每个人攀登时都要小心翼翼。爬上山时，才发现断壁颓垣，夕阳绿树，山顶是一座几乎成了废墟的庙宇，而山的四面全是森林，几乎全世界所有肤色的人此刻都聚集在这一刻，朝同一个方向眺望。爬上最高的台阶，我找了一

块千年的石头坐下，像小时候一样，把双脚荡在空中，立刻就有了一种孩童般的轻松。阳光一丝丝洒向大地，日落余辉下的古建筑此时显得分外沧桑。坐在落日的余晖里，我却没有心境来静观这里的一切。不远处一对年轻的恋人沐浴在迷人的金色阳光之中，相依相偎，默默地一同望向落日的方向，浪漫而神圣。看着他们甜美的样子，心中忽然一丝触动，这不正是我们苦苦寻觅的幸福吗！简简单单，无怨无悔，跨越时空，地久天长！

　　我极目远望山下那些田园和森林，寻找着泰柬边境。此时太阳正在一点点落下，周围的云彩渐次变得色彩斑斓，像一个温馨的红色圆球的太阳，正在一点点退去，诉说和诠释着它一天的圆满。今天我们用了十多个小时，在这样的时空里与这个伟大的王朝相逢，也许是种缘分；又一日时光即将瞬过，只有高大的神柱和脚下的石头依然长存。在人类历史的长河中，日出日落，就像一个王朝的盛衰，我们无法见证一个王朝的盛衰，却希望能洞悉日出日落的真谛，其实人生不也同太阳一样，同样要经历潮起潮落吗？

　　就在一瞬之间，照耀了巴肯山一天的太阳，照耀了吴哥王朝十几个世纪的太阳，落了下去，但明天它依然会升起……

眼望着远方的满天红霞，我
忽然想起了中央电视台《赢在中
国》的主题歌——《在路上》：

那一天
我不得已上路
为不安分的心
为自尊的生存
为自我的证明
路上的心酸
已融进我的眼睛
心灵的困境
已化作我的坚定
………………

在路上……

在歌曲声中，

我想起了自己这几年的人生经历；

想起了自己历经 10 年，研究国际廉价机票的种种过程；想起了出版《3000 美金，我周游了世界》之后所经历的种种事情；想起了自己由一名 500 强公司的高级白领到选择创业的艰辛和喜悦；想起了在创业的道路上给予我支持和帮助的所有人；想起了……从 2002 年一次不经意的环球旅行，到全球媒体的曝光；从全国百所高校的公益演讲，再到我放弃高薪的机会，决定创业；从我做客《实话实说》谈到 8 分钱人民币一张的国际机票，再到这一次旅行，这期间所经历的风风雨雨也许只有我自己才能深深地体味，但是不管经历多少风雨，多少委屈，都不会影响和改变我创业的决心。我看好中国未来巨大的出境自助旅行市场，也坚信不远的将来，我们的高中生、大学生们也能像今天的日本、美国的学生一样，在很年轻的时候就能背起行囊去感悟世界，去开拓视野！创业以来，在办公室我度过了无数个不眠之夜，体验到了"创业是条不归路"这句话的真谛；也感受到了自己内心的孤独和喜悦；正如我当年坐在夏威夷海边的礁石上做出选择回国一样，我对今天的选择依然无怨无悔。一个人如果能以自己喜欢做的事为业，应是人生莫大的幸福。在不远的将来，我相信会有更多与我一样拥有创业激情和梦想，愿意帮助普通中国人实现环球旅行梦想的人来到"兆瑞环球"，与我一起工作，一起忍受孤独，一起承受风雨，一起分享成功的喜悦。我想，那时，我将不再孤单。

新东方俞敏洪老师在中央电视台《赢在中国》里面所说的一段话忽然让我想起："人的生活方式有两种，第一种方式是像草一样活着，你尽管活着，每年还在成长，但是你毕竟是一棵草，你吸收雨露阳光，但是永远长不大。人们可以踩过你，但是人们不会因为你的痛苦，而产生痛苦；人们不会因为你被踩了，而来怜悯你，因为人们本身就没有看到你。所以我们每一个人，都应该像树一样的成长，即使我们现在什么都不是，但是只要你有树的种子，即使你被踩到泥土中间，你依然能够吸收泥土的养分，自己成长起来。当你长成参天大树以后，遥远的地方，人们就能看到你；走近你，你能给人一片绿色。活着是美丽的风景，死了依然是栋梁之才，活着死了都有用。"

我愿意做一棵参天大树！

"one dollar"

暹粒机场距离市区差不多有 8 公里远，打 TUKTUK 去的话，3 美元左右。今天早晨我们将要乘坐从这里起飞的第二架航班，飞往马来西亚首都——吉隆坡，之后再转机前往文莱首都斯里巴加湾市。在通往机场的道路两旁，映入我眼帘最多的除了高级酒店之外就是度假酒店，一家挨着一家，刹那间仿佛让人忘记了目前这里还是一片十分贫瘠的土地。

在机场和我们的 TUKTUK 司机临分手的时候，心中好有些不舍，把最后剩下的所有糖果和清凉油都送给了他。小伙子不太爱说话，当

我们去游览的时候，他总是一个人安安静静地呆在一边，望着身边的游客发呆，想着自己的心事。后来，无意中知道了他的秘密：赚上 2000 美元，好娶个女孩子回家。我知道在经历了多年战

乱的柬埔寨，在这
个一穷二白的国家，
这的确是他也是很多
和他一样的普通人最朴素的心声。其实从我们踏上柬埔寨国土的那一刻
起，"one dollar"（1美元）这个单词就一直伴随着我们，从没有停止过。
无论在金边还是暹粒，无论在集市还是景点，每当我们抵达一个地方的
时候，一帮衣衫褴褛的孩子便会迅速围过来，包括残疾孩子。此时此刻，
这些孩子们要么手中举着矿泉水、明信片之类的东西；要么手拿一些当
地的手工艺品之类；或者干脆手上什么都没有，只有一双无助的眼睛，
所有人都不停地拼命向我们这些"老外们"喊着同一个单词——"one
dollar"！

　　他们的眼神充满渴望，带着凄凉，是让人不忍拒绝的心酸，是让
人挥之不去的记忆，是对命运的一种抗争和对生活的一种无奈，令人
无法抗拒解囊。在中国，也许像他们这么大的孩子还长在蜜罐之中，
但是他们不行，小小年纪就要懂得生活的艰辛，就要承担家庭的重担。
笑容在他们的脸上难得一见，见到的是和他们年龄极不相配的凝重。
当我们从容地给出一张张纸币的同时，授人玫瑰，手有余香，也许我
们的内心世界都得到了一些满足，但柬埔寨之行，心灵所受到的强烈
震撼，久久让我不能平静。

成功的旅行方案

　　由法国人投资建设的暹粒机场真是小的可以，值机柜台才 20 个，登机口也才 4 个，整个高度仅相当于两层楼高而已。但机场非常富有柬埔寨民族特色，从外观上看似乎依然有吴哥窟里庙宇的影子，在机场内部还有一尊镂空的佛象，这是一件非常具有创意的艺术品，完全可以代表柬埔寨当代的艺术水准。

　　机场里的免税店和免税商品和东南亚其他国家的机场相比，自然是少了很多。鉴于柬埔寨目前的实际情况，直接从暹粒机场起降的航空公司也不多，所以候机的乘客也很少。大部分来吴哥旅行的乘客都把机票出在了金边，而不是暹粒，这样一来，在参观完吴哥之后，不可避免地要再坐大巴或者快船回到金边，走一遍回头路，才能登机离开。正如我前文所写，从金边到暹粒坐一次车，我个人觉得还可以算是体验生活，但再坐回去，不仅在炎炎列日之下有被"蒸熟"的危险，而且还有可能因为航班时间的原因需要在金边住一晚。这么折腾一下，表面上看好像买到金边的机票省了金钱，其实加上时间成本和身体本身的折腾成本，实质上并没有节省，"性价比"综合来看并不高。

　　昨天晚上，我们去了暹粒最著名的餐厅——专为表演柬埔寨传统舞蹈而设计的"仙女剧场"，门票包括吃饭和表演共 22 美元。里面的很多舞蹈都模仿了吴哥浮雕上的舞姿，在吃饭和看表演的同时，又让我重温了一遍对吴哥的记忆。吃完饭在回酒店的路上，我们又顺便参观了几家路旁的 GH，还真不贵，一个洗凉水澡的房间，才 6 美元 / 晚。可能因为本人太瘦的缘故吧，这样的房间对于我来说，不是不愿意住进去，也不是非要找一个条件有多好的五星级酒店，而是觉得"性价比"不高，欣赏一下可以，但并不值得亲自去尝试。对于在柬埔寨和越南旅行，选择带独立卫生间和空调的房间，所花的费用也不会很高，20 美元一晚的酒店，硬件设施就已经不错了。在住宿上多花一点钱，住的安全，干净，舒服，休息的好，对旅行来说还是非常重要的。而对于同样都是经济舱的机票，在

飞机上的待遇不会有任何区别，绝不可能出现买一折机票的乘客都站着，买全价机票的乘客都坐着的情况。既然在飞机上的待遇是一样的，那自然是机票越便宜越好了，所以一个成功的旅行策划方案，一定是在出发之前，合理地对线路进行设计，做到既省钱又舒适又合理安排时间，坚决不花"冤大头"钱！

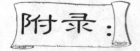

附录：

航空签证篇

　　在东南亚诸多国家之间，由于可以理解的原因，柬埔寨的航空业是比较落后的。无论从北京还是上海出发，目前还没有航班直达暹粒，只能抵达金边。目前中国南方航空公司开通了北京——金边的航线；上海则有上海航空公司在执行上海——金边航线，单程票价大约在300美元左右。但是由于很多乘客的主要目的地是暹粒，所以在很多情况下要在金边和暹粒之间做两个来回，这对人的体力和时间都是种考验，所以建议可先直飞金边，如果想多玩一国也可考虑先飞越南的西贡，游览完毕之后再乘坐8个小时的大巴抵达金边。从金边抵达暹粒之后再回程的时候，建议直接从暹粒机场飞往曼谷或者马来西亚，再经由上面这两个地方飞回国内，不仅可以节约时间，而且还可节约口袋中的金钱。

　　至于柬埔寨的签证，最好的方式就是采用落地签证，方便快捷还省钱，只要带上护照、照片再添一个表格和交上20美元就OK了。

第七章　西马来西亚和文莱

0.17元人民币飞台北

　　从暹粒飞往文莱的航线也是根据我的一贯"性价比"原则，精心设计和安排的。这次行程飞到这里的时候，只剩下马来西亚和文莱这两个国家了。那么这两个国家该如何组合搭配，先飞哪里后飞哪里呢？其实这里最重要的是，不仅要非常便宜地飞出暹粒，而且在其后的行程中，也一定要拿到非常便宜的机票，这样整个行程的总费用才不会高，这一点是我设计飞行线路时必须首先解决的问题。

　　选择飞行城市，文莱基本没有其他城市可选择，由于其国土面积太小，只有首都斯里巴加湾市可飞。再接下来看马来西亚，马来西亚由于其国土的特点，又分为东马来西亚和西马来西亚。西马来西亚我们熟悉的城市就有一大堆，除了首都吉隆坡之外，还有美丽的海滨城市槟城和兰卡威，历史名城马六甲，锡都怡保，新兴城市新山。东马来西亚则有两个自治州沙捞越和沙巴。在马来西亚这么多的城市之中，我之前因为已经去过很多次西马了，这次就很想去东马看看，这是其一；其二，我们这次在整个行程中，需要寻找一处能让我们沉浸在阳光、白沙和碧海等大自然的美景之中，彻底放松身心，找寻超尘脱俗感受的美丽海岛，而沙巴州的首府哥打京那巴鲁（Kota Kinabalu），华人俗称亚庇，其境内不仅拥有东南亚最高的山峰，海拔4101米的基纳巴卢山；而且还有

37 美元　　**35** 美元　　**27.70** 美元　　**0.17** 元人民币

绵延不尽的金色沙滩和蔚蓝宁静的海湾，以及各具独特魅力的海岛和色泽艳丽的海洋生物，其保存的原生态和动植物都是其他地方所不具备的，非常符合我们的要求。由于很多游客还不知道那里，所以并不像东南亚国家的其他度假胜地那样人山人海，而是非常清净，更何况从那里飞回澳门的机票还给了我们一个特别的惊喜呢，仅仅119.99马币，约合37美金。

确定好城市之后，下一步就是解决怎么从柬埔寨找到最便宜的机票飞到文莱。从暹粒是没有直飞航班可以抵达文莱的斯里巴加湾市，必须要转机，所以问题的第一步是要从哪里转机，机票既便宜而且时间也符合。从暹粒飞往泰国的曼谷，是每天航班最多的，可以先飞那里，之后再飞文莱，但是我查询过机票了，虽然每天飞曼谷的航班很多，但是机票的价格并不便宜，差不多要100美元。前段的机票如此，后段从曼谷飞文莱的机票更贵，所以曼谷前后两段都不合适，基本上不予考虑。之后，我又把亚洲的其他几座城市比较了一下，有点像我们MBA课程里《组织行为学》，如何找到最经济又最便捷的线路？一番对比之后，我确定了这条　　　　　　　　线路：早上8:30先飞马来西亚首都吉隆坡，两　　　　　　　个小时之后抵达，在吉隆坡休息　　　　　　　　　　　和用过中餐之后，再搭乘当天下午5点半起飞的飞机前往文莱首都斯里巴加湾市。这样设计，不仅时间搭配上非常科学，既给吉隆坡机场预留出了5个小时的充足转机时间（要办理两次出入境手续），又避免了把大块时间浪费在机场，从而让人有疲劳感；而且总共1500公里的空中距离，两段机票费用加在一起还不到65美元（前一段35美元，后一段27.70美元），相当于同一空中飞行距离北京到重庆（全价1560元）全价票的四折。这个价格对于跨越3个国家的这张国际机票来说，是非常经济实惠的，"性价比"之高也是有目共睹的。

前面的航班正巧是从暹粒飞往台北的，看见台北两个字，又让我想起了上个月买的0.17元人民币飞台北的机票。如果不是因为这次赴台手续时间上来不及办理的话，我们这次"299"的行程中就会有台湾一站了。虽然很遗憾，不过转念一想下次还会有机会的，只是早一天晚一天的问题，咱们中国不是有句俗话：好饭不怕晚嘛，呵呵。

与飞往其他国家最大的不同是？

马来西亚对于我来说一点儿也不陌生，10年前我就来过这里。在2004年的时候，我还应当地大学的邀请来此演讲过，并接受过马来西亚主流媒体《南洋商报》的专访，当时还去了当地的电视台和电台现场解答大家关心的问题，算是让老外们也知道中国人同样可以周游世界。今天又一次来到这里，想想之前的事情，感慨时间过得真的好快，一晃儿四年都过去了。目前对我们持有中国护照的人来说，飞马来西亚最大的好处是不用像从前那样提前在国内办好签证，可以在马来西亚落地之后在当地机场办理，而且和办理泰国落地签证时一样，简单快捷。飞马来西亚还有一个好处，就是不用在飞机上填写入境的卡片，换句话说，在飞往马来西亚的航班上，与飞往其他国家最大的不同就是不需要填写任何入境资料，这一点真是方便。否则，又要填写诸如护照号码、姓名等一大堆常规信息，特麻烦。

由30多个民族，13个州组成的有"世界民族大熔炉"之称的马来西亚，其实对我们国人来说并不陌生。这个集半岛与岛屿特征的海洋国家，其国土主要由两大部分组成：

Malaysia

一个是位于马来半岛的西马来西亚，北接泰国，南部隔着柔佛海峡，以新柔长堤和第二通道连接新加坡；另一个是东马来西亚，位于婆罗洲岛的北部，南部接印度尼西亚的加里曼丹，而我们即将要去的文莱国则位于沙巴州和沙捞越州之间。马来西亚是东南亚国家联盟（ASEAN）的创始国之一，同时也是一个回教国家，其境内到处都充满了异国情调的建筑。在全球最大商业国的行列中排名17，而在人口超越2千万人以上的国家中，马来西亚被列为第四个最具竞争力的国家，这个世界第一大锡出口国，竟然只排在美国、澳洲及加拿大之后，真是让人刮目相看。

享有"热带旅游乐园"美称的马来西亚由于接近赤道，海洋性气候显著，终年高温多雨。但雨下得骤，停得也快，几乎每天午后都有一场骤雨，雨后天气转凉，故有"四季是夏，一雨成秋"之说。在这个具有永恒夏天和永恒阳光的地方，境内森林覆盖率高达74%，且多为原始森林，绿荫遮天。这样得天独厚的自然环境，使马来西亚拥有了极为丰富的旅游资源，也正因此，当我们抵达吉隆坡机场LCCT候机楼，一出海关时，首先映入眼帘的就是马来西亚旅游局巨大的服务台。这里提供的所有旅游小册子和地图不仅免费，而且种类和信息非常多而全，还有中英文等多种语言文本可选；不仅如此，柜台旁边还有一溜巴士公司柜台，为刚刚抵达这里的海内外乘客提供前往市中心的多种巴士线路选择，方便快捷。一下飞机就让人明显感受到，旅游业不愧是马来西亚的支柱产业，各项服务的确体贴入微。

"身体语言" 走遍世界

我们抵达吉隆坡机场的是专为"LCCT"候机楼，英文低成本航空公司所建的全称是：Low Cost Carrier Terminal，中文意思是"低成本航空公司候机楼"。由于要在这里停留5个小时，所以我们决定前往日本著名建筑设计师，与矶崎新、安藤忠雄并称日本当代建筑界三杰之一的黑川纪章先生设计的吉隆坡机场主候机楼用餐和休息。这位北京奥运主会场竞标评委之一以"共生"的设计理念闻名于世，所谓"共生"指的是人和自然的共生、城市与自然的共生、科学与艺术的共生，这种理念几乎用了50年的推广时间才被人们接受。他的主要作品遍布日本和欧美，代表作有日本国立民族学博物馆、广岛现代美术馆和阿姆斯特丹梵高美术馆新馆等。我国郑州的读者应该对他非常熟悉，"郑东新城"就是由他亲自设计的，还有著名的南京艺兰斋美术馆也出自他的手笔，以上设计都体现出了他的"共生"思想，但令人遗憾的是这位享誉世界的设计大师已经于2007年10月12日因心脏衰竭去世，享年七十三岁。

　　如果仅仅在吉隆坡转机　　　　　　　　　　　的话，落地"LCCT"和落地主候机楼最大的区别是，前者需要办理入境马来西亚的手续，重新托运行李和进行安检，而后者则不需要。从"LCCT"前往机场主候机楼还是有一些距离的，之间有穿梭巴士相通。我们去程时免费，但回程时我们等了好几辆车，也没有见到免费的，眼看时间不早了，还是赶飞机要紧，只好每人乖乖地交了9马币的车费上了大巴。20分钟之后我们就抵达了这座位于吉隆坡市中心以南约75公里，建筑理念以"森林中的机场，机场中的森林"为前提的吉隆坡国际机场（KLIA）。这座1998年6月30日正式启用的"全球最佳机场"是世界上最大的现代化机场之一，设计年运送能力为2500万乘客，由卫星大楼、终端站大楼和主航站大楼三座大楼组成，之间由轻轨连接，相互之间往来非常便利。机场外部的绿色楼顶与周边一大片美丽的棕榈树林融为一体，内部设计则突出了热带雨林风格，与双峰塔、Putrajaya(太子城)、Cyperjaya一起组成了吉隆坡多媒体超级走廊，是亚太地区重要的航空枢纽。

　　走进这座主机场候机楼，眼前的确让我眼睛一亮，整个机场的设施绝对可与香港国际机场和新加坡樟宜国际机场想媲美，光是办理登机手续的柜台就多达216个，远远超过暹粒机场数倍。其他诸如免税店、餐厅、咖啡店、邮局和银行等配套设施更是应有尽有。在这里的银行我们兑换了一些马币之后（还是老规矩，兑换不多），在机场里的"美食城"解决午餐。"美食城"有点类似于北京的"东方新天地"里面的美食街，中餐、西餐、马来餐等各种口味的美食都可以在这里见到。在经营饮料的档口，品种就有几十种之多，供人们挑选。在这里点菜似乎根本就不需要什么语言，直接按照所挂出的图片，看着哪一种食物能勾起食欲按图索骥一指，连　　　　　　　　　嘴都不用张，对方马上就知道我需要什么。　　　　　　　　　　　　这么一看全世界最通用的语言　　　　　　　　　　　　肯定不是什么英语，绝对　　　　　　　　　　　　是"身体语言"走遍　　　　　　　　　　　　世界啊！

“瞪鸡狗”！？

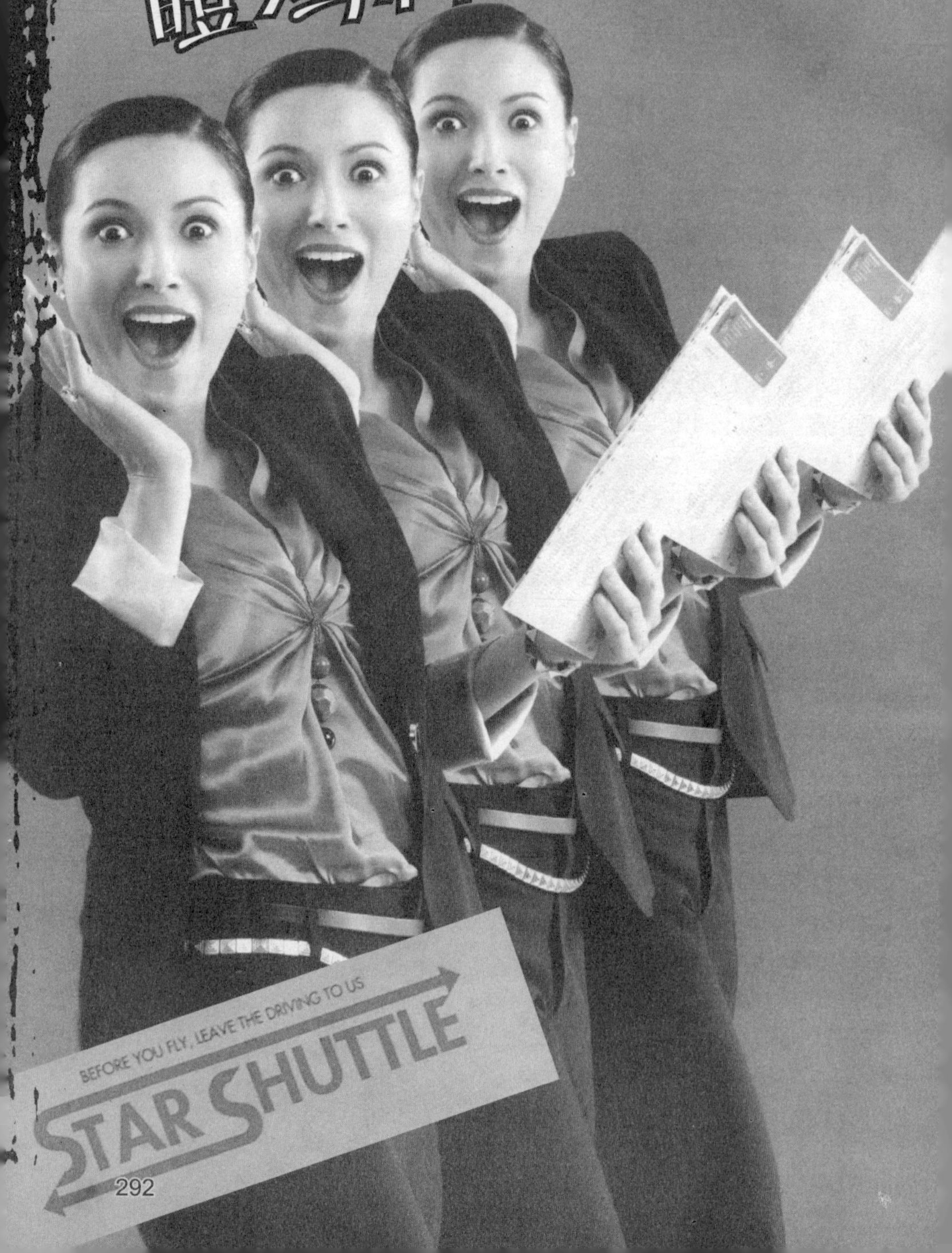

就在我甩开腮帮子正胡吃海喝呢，忽然，机场的广播中传来了非常熟悉的华语声音。要说几年前听见华语广播我可能会非常惊讶，但这近几年来随着我们中国国力的进一步增强，越来越多的国人愿意到海外自助旅行，为了给国人提供乘机和转机的便利，现在世界上很多国家尤其是东南亚国家，都在机场广播中安排了华语，这项服务对于走出国门之后听不太懂英文的国人来说，可绝对是件大好事。不过这里机场的广播我听着听着，就开始云里雾里了，可能播报的女子并不是由受过良好华文教育的华族所播报，每一次播报都走音，听起来怪腔怪调不说，半天我愣是没听明白广播的内容到底是什么，什么"瞪鸡狗"、"奸王"、"尽情留医"等等词语，压根我就没听过啊，

当时就晕了，什么意思呢？！猜了半天，到后来我都有点怀疑自己的中文水平了，还是有点晕。努力努力再努力，坚决不放弃，终于在又听了一遍之后，忽然豁然开朗，全明白了。可明白是明白了，也差点把刚才吃进去的饭全给喷出来。这可真是我听到过的最另类的汉语广播，真牛啊，不仅我这个中国人听了半天无所适从，我想就算马来西亚本地的华人，听了之后也一定会啼笑皆非的。

这些词语的意思说出来您千万别和我一样要喷饭，原来因为发音的原因，"登机口"变成了"瞪鸡狗"，"敬请留意"成了"尽情留医"，至于那"奸王"嘛，竟然是"前往"的发音！

远远地高过海面
高原上安静躺卧着的
像菊花一般清澈的湖水啊
萨彦岭下是我们失落了的
库苏古泊

被别人取走了的金银
我们会喊叫着去夺了回来
被别人取走了的马匹
我们会骑上更快的马
再去抢了回来

被别人轻易取走了的唐努乌梁海啊
怎么从来没听说有哪一个子孙曾经
为她流下过一滴泪来？

唐努乌梁海——
我们心中的泪

由于整个王国东南西三面与马来西亚的沙捞越州接壤，并被沙捞越州的林梦分隔为不相连的东西两部分，所以文莱国民要想从国土的一边通过陆路前往国土的另外一边，必须要办理出入境手续通过马来西亚才可实现。这种状况有点类似于俄罗斯总理普京夫人柳德米拉的诞生地；面积 1.15 万平方公里的俄罗斯最小的一个联邦主体——加里宁格勒州 (Kaliningrad)。这块从前归属于德国盛产琥珀的土地（原名哥尼斯堡）在二战结束后被划归到了前苏联版图之中，现在距俄联邦本土有 600 公里之遥，该州居民如果想走陆路进出俄联邦本土，必须经过两个独立主权国家——立陶宛和白俄罗斯，成为了俄罗斯的一块飞地。关于这一部分的详细旅行过程，请参阅《699 美金飞遍新东欧》一书。

写到这里，我不禁想起了前几天在"河北省政协"网站上看到的一篇关于介绍我们中国在俄罗斯也曾经拥有一块飞地的文章。这块飞地就是至今一提起来依然让我们中华儿女心疼不已的面积相当于贵州省大小的唐努乌梁海地区，即今天俄罗斯境内的"图瓦共和国"及其周边地区。

战略地位极为重要的唐努乌梁海地区位于外蒙古的西北，北至萨彦岭，南到唐努山，是一个群山环抱的盆地，面积 17 万平方公里，土地肥沃，光是木材的总储量就达 1 亿立方米以上。这片美丽富饶的土地自古以来就是我们中国固有的疆域，早在汉代就有中华民族活动的痕迹。唐代为都播地，归安北都护府管辖，已被正式纳入我国版图。北宋时属辖嘎斯地，南宋时属西辽政权，称谦谦州。元朝时属岭北行省，明代属蒙古瓦剌部，清代则被称为唐努乌梁海，为外蒙古扎萨克图汗辖地，清政府曾在此地设置 5 旗 46 佐领，归乌里雅苏台将军管辖。当初在外蒙古"独立"之时，这块面积不小的国土，并没有被划给外蒙古，没有任何条约（包括不平等条约）确认中国放弃过该地区的主权，也就是说在法律上这里仍然属于中国的国土。在外蒙古"独立"后，这里成为了飞地。1944 年苏联当局完全不顾及国际道义和世界各国的谴责，竟趁中国军队对日作战之时，强行占领了该地区。苏联解体后，唐努乌梁海地区成为了俄罗斯联邦的一部份，并被并入西伯利亚联邦区域，成为"俄罗斯联邦图瓦共和国"。

1948 年 5 月，中国驻苏大使傅秉常照会苏联外交部，声明唐努乌梁海为中国领土。1972 年 3 月，人民出版社出版的《各国概况》一书也明确指出："苏联在1944 年吞并了我国领土唐努乌梁海，中国历届政府都没有予以承认。"历史其实是一面最好的镜子，纵观屈辱的中国近代史。落后就一定会被挨打这条真理可以为我们提供很多教训。今天我们每一位热爱祖国的海内外炎黄子孙，无论身在何处，无一不盼望中国日益强大，期盼中国经济日益腾飞，我想这不仅仅是我们中华儿女的共同心声，更是我们每一位中国人的历史责任。只有祖国强大了，才不会重蹈屈辱的历史，才不会让我们炎黄子孙的心再次感到伤痛！写到这里，我再一次想起诗人席慕容所写的《唐努乌梁海》：

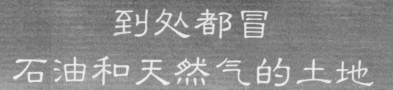

到处都冒
石油和天然气的土地

文莱首都斯里巴加湾市坐落在婆罗州北部，文莱湾西南角滨海平原。首都的名称是现任文莱苏丹父亲的封号，斯里为"光荣、辉煌"之意，巴加湾意为"神圣"，整座城市处处呈现出高贵、整洁、祥和的景象。文莱与马来西亚一样，比格林尼治时间早 8 小时，与北京时间相同，所以我们下机后连手表都不用调整，这也可能也是在东南亚旅行的方便之处吧。

鉴于目前文莱还没有对中国开放个人旅游签证，所以我们在文莱驻北京大使馆申请的是文莱过境签证。签证要求的材料非常简单，在使馆的门卫处添好申请表之后，将护照和照片连同 100 元钱签证费交到签证处即可，三个工作日之后就可以来取护照了，还是非常方便快捷的。但同文莱公民来华相比，显然还是麻烦了许多，人家来咱们这儿和新加坡人、日本人一样是不需要办签证的，在我们的机场办理入关手续时，直接可以获得免签证停

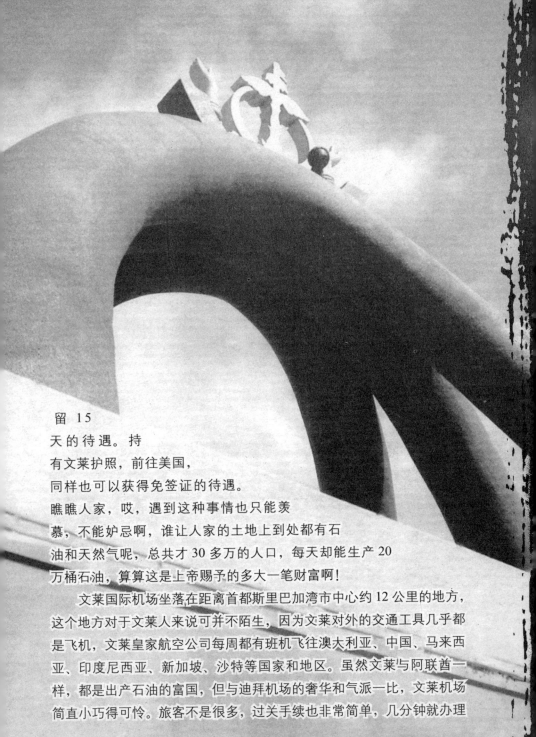

留 15
天 的 待遇。持

有文莱护照，前往美国，

同样也可以获得免签证的待遇。

瞧瞧人家，哎，遇到这种事情也只能羡

慕，不能妒忌啊，谁让人家的土地上到处都有石

油和天然气呢，总共才 30 多万的人口，每天却能生产 20

万桶石油，算算这是上帝赐予的多大一笔财富啊！

　　文莱国际机场坐落在距离首都斯里巴加湾市中心约 12 公里的地方，
这个地方对于文莱人来说可并不陌生，因为文莱对外的交通工具几乎都
是飞机，文莱皇家航空公司每周都有班机飞往澳大利亚、中国、马来西
亚、印度尼西亚、新加坡、沙特等国家和地区。虽然文莱与阿联酋一
样，都是出产石油的富国，但与迪拜机场的奢华和气派一比，文莱机场
简直小巧得可怜。旅客不是很多，过关手续也非常简单，几分钟就办理

完了，自此在我的护照上又多了一个国家的印记。当我们走出机场的时候，正巧赶上文莱在下大雨，尽管文莱公交车的车票才 1 文莱元，但这时候的交通工具肯定是非出租车莫属了，即使我们想拖着行李去坐公共汽车都已无可能，因为时间已过了 21 点！按照这里的规矩，不仅公共汽车早已停开，就连出租车此时都要按照夜间收费标准加收 50% 的车资。从机场到我们预订的酒店，看在都是华人的份上，司机最后收了我们 25 文莱元。

通过与司机的聊天，我们了解到由于文莱本身是产油国，最好的一级无铅汽油在这里售价还不到 3 元人民币／升，所以文莱人均拥有汽车的数量超过了号称轮子上的国家——美国。文莱国家元首 29 世苏丹哈桑纳尔·博尔基亚（苏丹是某些伊斯兰国家最高统治者的称号）在 2005 年的时候，就已经拥有 160 台保时捷、199 台法拉利、362 台宾利和 185 台宝马以及 531 台奔驰等世界名车，总数至少在 3000 辆以上。

他同时还是世界上拥有劳斯莱斯最多的人，拥有一支由 200 辆劳斯莱斯轿车组成的车队。国王如此富有，普通文莱百姓家境也不错，每家拥有的汽车至少在两辆以上，就连在这里工作的外国劳工也大多是人手一车。所以在文莱的大街小巷中，不仅公交车有时一个小时难觅踪影，就连出租车在这里也是"稀有动物"，全国才仅有 50 辆。要想打车，除了必须提前电话预约，交纳额外的一笔预约费之外，只有在机场、高级酒店门前，才能打上出租车。这一点在第二天的旅行中马上就得到了验证，为了打一辆出租车，我们竟然在街边等待了将近一个小时，真是晕死。不过，让我觉得非常开心的是，在这一个小时的等待中，我竟然在车水马龙的大街上，看见了我们中国汽车的民族品牌——奇瑞QQ，这真让我感到惊喜和自豪！奇瑞QQ 的主题词——"梦想，触手可及"其实和我们"299 美金飞遍东南亚"所倡导的主题内涵完全是一样的，早知道能在文莱的街头看见QQ，真应该出发之前找他们要点赞助，也省得就累王斌一个人了！

3.09 美元的机票，这样的价格才是我要的"性价比"

正如我前文所说，文莱之后我们的下一站是东马来西亚的哥打京那巴鲁，也就是我们华人俗称的亚庇。从斯里巴加湾市前往亚庇，乘坐文莱皇家航空公司班机 40 分钟就到了，但是我一看单程机票的价格差不多要 100 美元。这个价格虽然换算成人民币也不过才 700 元，但对于我来说这个

价格绝对是个天价了，太贵了，要另外找到一条既经济又舒适的线路。我继续找下去，发现从文莱到马来西亚如果不乘坐飞机的话，走海路也是可以的。位于斯里巴加湾市东北方向 25 公里处 MUARA 的渡轮总站，有船和快艇开往马来西亚的林梦（B$10，航程半个小时）、拉瓦斯 (B$10，航程 1 个小时) 和纳闽岛（B$15，航程 2 小时）三个马来西亚的地方，之后再从以上这些地方前往亚庇。但这条线我计算了一下，不仅太折腾人，而且时间和金钱上也不划算，"性价比"不高，基本上被"枪毙"了。

接下来，我继续我的线路设计，经过多方计算，我最终确定了一条价格和时间都让自己非常满意的线路：那就是先从斯里巴加湾市乘坐大巴抵达马来西亚的另外一座边境城市美里，之后再从美里换乘飞机飞往亚庇。这一段 40 分钟航程的机票价格绝对让我满意，3.09 美元（9.9 马币）！仅仅是我们从斯里巴加湾市机场打车到酒店车费的六分之一，这样的价格才是我要的"性价比"。

难以忘怀的
伊斯兰风格画卷······

　　按照原来的旅行安排，斯里巴加湾市很小，我们在这里停留两晚一天足够了。随着文莱石油经济的飞速发展，今天的文莱和巴林一样，虽然已经发展成为一个现代化国家，但全无现代化城市的喧嚣，格外宁静。

　　第二天，当我们走在斯里巴加湾市的马路上时，除了我们两人之外，再无其他行人。与东南亚其他国家不同的是，这里马路上的汽车虽然很多，但大家都很遵守交通规则，不仅没有交通拥堵的情况，而且一路走来，不要说有类似于马尼拉街头焦躁的高音喇叭声，就是普通汽车喇叭的声音我们都从未听到过。市内的各种建筑也都错落有致，非常精细。一路走下来，无论是商业办公楼，还是居民住宅，几乎都在10层以下，没有发现什么高层建筑，这让我一开始的时候，感到非常奇怪，但后来看见街头很多汽车（包括很多世界名车）的车身上面都写有伊斯兰教教义，我忽然恍然大悟，这里的人们可是虔诚地信奉伊斯兰教啊。

　　文莱虽然是世界富国，但在东南亚地区又是一个非常独特的政教

合一的国家，尤其在社会生活方面，伊斯兰教规几乎成了生活的准则。不能喝酒，不允许赌博，不允许异性按摩，晚上也不能有什么夜生活。这里的理发店，男的顾客只能由男理发师来理发，女顾客当然也只能选择女理发师为其服务，男女绝对是"授受不亲"的。甚至在公共场合，如果女的打扮太露骨，都会有警察盘问。尽管文莱男人可以娶4个老婆，但大部分文莱人还是选择了一夫一妻制，工作结束就回家陪伴家人，在进行现代化建设的同时，文莱严格遵守着伊斯兰教义。这里的大部分人都去过麦加朝圣，当然所花的费用也不菲，至少也要在5万人民币以上。

据说文莱人是这样辨别金子的含金量的：用手能够很轻松碰见的金子，通常是18K的；费点力气碰着的，差不多就是22K了；而高高在上、只能眼看的则为24K的了。在市区的很多地方随处可见金光闪闪的清真寺，其中最著名的清真寺当属奥玛尔·阿里·赛福鼎清真寺，其44米的尖塔在阳光的照耀下闪着绚丽的金光。按照当地人的说法，那尖塔上镶嵌的一定是24K的纯金了，同时这座清真寺也是斯里巴加湾市区内的最高建筑，当年曾经想超过它的文莱伊斯兰银行，结果被苏丹下令去掉了顶层，相信当时的银行总裁一定郁闷了半天。

斯里巴加湾市的街道上绿树成荫，繁花似锦，看不见一片纸屑垃

圾。整座城市森林覆盖率高达 80%，就好像是一个大花园。市区面积也不大，一两个小时足够逛遍。我们参观了占地 188 公顷，连大堂的座椅和茶几都是镏金的，集酒店、度假村和高尔夫球场于一身，耗资 11 亿美元的世界最豪华酒店之一的帝国酒店。它的普通客房每晚 400 美元起，而美国前总统克林顿住过的套房居然 30000 美元／晚，真不知道他一晚上能在里面干什么！拥有 1700 多个房间，耗资约 3 亿美元，世界上最大的皇宫——努洛阿曼皇宫和拥有 29 个金碧辉煌的圆顶，全是用纯金包裹的文莱目前最大的皇家清真寺——博而基亚清真寺，也是这座城市的主要旅游景点，我们自然也饱了眼福。

午餐享用的是文莱的特色食物——AMBUYAT，这是一种由椰子树芯磨成粉之后与水混合而成的黏糊糊的食物。不过，吃的时候，可要快点，否则一会儿这种黏糊糊的食物就会凝固在一起了。如果感觉不适应它的味道，可以加入当地一种特殊的由虾皮和辣椒混合而成的调料 SAMBAI，异味会减轻很多。

下午时分我们来到了坐落在文莱河边，至今据说仍是世界上最大的传统水上村庄，被曾经跟随麦哲伦远航的意大利著名旅行家安东尼·帕加塔称之为"东方威尼斯"的 KAMPUNG AYER。

文莱河在斯里巴加湾市市区旁边流过时，形成了一个水面宽阔的

河湾，居民房屋多沿河而建，用木桩支撑于河床浅滩上，用板桥与河岸相连。这座历经几个世纪、面积达 2.6 平方公里的 3 万人水上村寨，可谓历史悠久，在中国及阿拉伯一些古代名著中就有记载。居住在这里的基本是一些低收入的移民，虽然历经风雨，但目前依然留存着昔日的风貌，与岸上的富有形成了鲜明的对比。里面拥有学校、清真寺、邮局等公共机构，形成了一个相当独特的水上社区，成为世界各国的画家、摄影家以及游客的必游之地。

我们在海关码头花了 B$15 上了一条水上出租，在美丽清澈的文莱河上游逛了 1 个小时。水上独特的高脚屋和水中绵延好几里地的红树林以及岸边清真寺巨大的圆形金顶和镂空的乳白色尖塔，组成了一幅让我久久难以忘怀的伊斯兰风格画卷……

附录：

航空签证篇：

于 1974 年创办的文莱皇家航空公司（简称文航），绝对属于"短小精悍"型的航空公司，机队规模虽然不大，但是服务及设备相当不错，虽然是来自本区域领土最小的国家，但是经过 30 年的发展，这家航空公司已脱颖而出成为本区域表现最佳的航空公司之一，同时也是亚洲国家中首个获得 JAR-OPS 航空驾驶证书的最佳航空公司，在 1999 年及 2000 年，连续夺得世界旅游奖中的"最佳一等舱"大奖。

目前文航拥有将近 30 条航线，横跨亚洲、中东、大洋洲和欧洲，亚洲主要城市都有直飞文莱的航班。从北京、上海和香港都可以非常快捷、迅速地抵达文莱。除此之外，国泰航空公司、马来西亚航空公司、新加坡航空公司等也都有航班飞抵文莱。如果想省钱飞行的话，可以考虑先飞到吉隆坡，之后再转飞文莱；或者飞到马来西亚的美里，经由陆路前往文莱，价格会便宜一半以上。

文莱对大多数国家实行免签证或者落地签证的待遇，但对持有中华人民共和国护照的公民个人前往文莱旅游，必需在出发前办好签证。有效护照、照片、填好的申请表和 100 元人民币的签证费即可，大约 3 个工作日后可拿到签证，整个过程也很简单。

第八章　东马来西亚

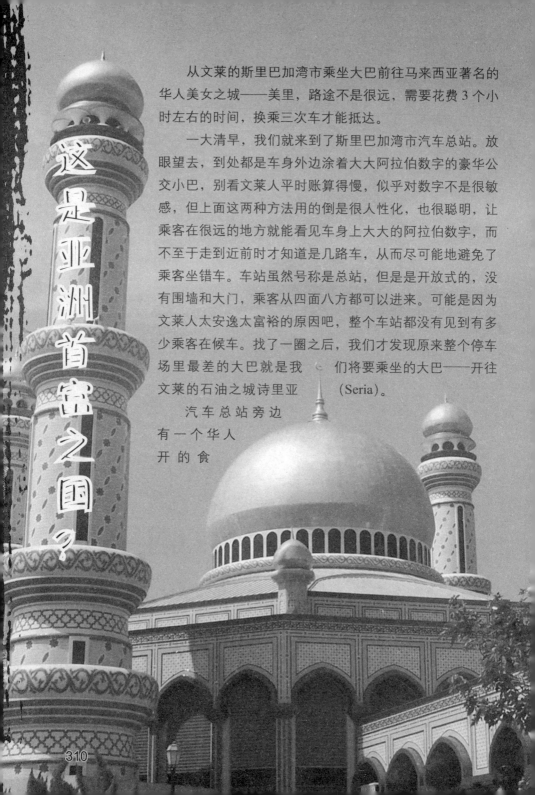

从文莱的斯里巴加湾市乘坐大巴前往马来西亚著名的华人美女之城——美里，路途不是很远，需要花费3个小时左右的时间，换乘三次车才能抵达。

一大清早，我们就来到了斯里巴加湾市汽车总站。放眼望去，到处都是车身外边涂着大大阿拉伯数字的豪华公交小巴，别看文莱人平时账算得慢，似乎对数字不是很敏感，但上面这两种方法用的倒是很人性化，也很聪明，让乘客在很远的地方就能看见车身上大大的阿拉伯数字，而不至于走到近前时才知道是几路车，从而尽可能地避免了乘客坐错车。车站虽然号称是总站，但是是开放式的，没有围墙和大门，乘客从四面八方都可以进来。可能是因为文莱人太安逸太富裕的原因吧，整个车站都没有见到有多少乘客在候车。找了一圈之后，我们才发现原来整个停车场里最差的大巴就是我们将要乘坐的大巴——开往文莱的石油之城诗里亚（Seria）。

汽车总站旁边
有一个华人
开的食

这是亚洲首富之国？

杂店，老板很热心也很健谈，早年就到了这里，一听说我们是祖国大陆来的，立刻表态若有困难可以请他帮忙。在食杂店买了几瓶水之后，我们就上了这辆不咋地的大巴（从7:30开始，平均每小时1班，6文莱元）。车上几乎没有乘客，空空荡荡的，与跑市区的豪华小巴相比，这车真够寒酸，座位破旧不说，空调好像也不好使，一点儿也没有让人感觉到它的存在，不禁让我质疑我是在亚洲首富之国旅行吗？路上的风景很美，到处都是美丽的田园风光，一栋栋漂亮的英式花园小楼坐落在其中，看着看着我的思绪又回到了英伦三岛，回到了自己在剑桥那座小镇读书、工作的那段令我终生难忘的美好时光。岁月无痕，一晃已回国好几年，事业上不仅没有进步，反而在退步，真是让我惭愧！但那段在英伦工作和学习的岁月仿佛依然发生在昨天，久久让我沉思在其中……

高级过关待遇

2个小时之后，规划整齐、环境优美的文莱最大石油基地，也是文莱最早开采石油的地方——诗里亚（Seria）出现在了我的面前，集科普和娱乐于一体的多功能中心——文莱石油天然气发现中心（Oil & Gas Discovery Center）也坐落在这座小镇北侧。1929 年，文莱壳牌石油公司在这里首次发现了一个储量丰富的陆上油田，由此改变了文莱的历史，拉开了文莱发展的新纪元。除此之外，一支由 800 名廓尔喀士兵和 200 名英国士兵组成的英国廓尔喀步兵营也驻守在这里，保护着这里重要的石油设施。

按照常规走法，我们应该在此换乘小巴继续前行，前往边境小城白拉奕（Kuala Belait，简称 KB，1 文莱元）。抵达 KB 之后，我们再换乘前往美里的班车（一天四班，开车时间分别是 7:30；10:30；13:30；15:30），出 KB 不久，就是文莱、马来西亚两国边境，在这里下车办好出入境手续之后，再换乘马来西亚方在关口处等待的大巴，行驶一个小时左右，马来西亚的石油之城——美里就到了。

但这次我们在抵达了这座边境小镇之后，没有按照常规的线路继续换乘大巴前行，而是决定"奢侈"一把，直接打车前往美里机场。一是因为当我们走进这座美丽的石油之城后，由于电视节目需要进一步拍摄，而我们随身携带的行李显然对我们的拍摄行动造成了麻烦，应该找一个安全的地方暂时存放；二是，我们也核算了时间和金钱：如果继续乘坐大巴，到美里市中心之后同样要打车前往机场，而从这里直接打车去美里机场，不用再经美里市中心，时间和路程都能节约不少，不仅使我们的行程更自由、轻松，而且也能完成电视拍摄的任务。当然，最重要的是，这里打车的价格并不贵，连拍摄用车到最后机场送机，折腾下来差不多 3 个小时，总共才收了 60 文莱元（300 元人民币左右）。

出租车抵达文莱边检的时候，我示意司机开门，像在世界其他地方过关时那样，准备下车到移民局窗口接受护照检查。没想到，司机笑了一笑，摆了摆手，透过车窗，和在国内交高速公路通行费时一样，直接就将我们几人的护照递给了移民局官员，只不过这一次是把钱换成了护照。坐在车里等待几分钟之后，盖好章的护照透过车窗又给递了回来。前行一分钟，过马来西亚边检的时候，也是如上办理，两国海关也没人检查放在车后备箱里面的行李，如此高级的过关待遇，我还是生平第一次享受，当时真有点受宠若惊，好好看了看上面刚盖的离境入境章，竟然有些激动，太人性化了！

313

看世界的障碍？

位于美里河西岸，背靠加拿大山，面向南中国海，华人人口占到了一半以上的美里坐落在东马来西亚沙捞越州北部，是州内继古晋之后第二大城市，也是北部沿海的重要门户。

这块盛产石油的土地，早期经济发展自然是以石油为主，在上个世纪 70 至 80 年代，这里的木材年出口量逐步增多，所以在美里的经济发展中，木材与石油一样，也扮演了举足轻重的角色。到了 90 年代，许多砍伐过的森林地已被改辟为大片的油棕园，加上州政府大力推动油棕业的发展，不久之后油棕也成为了这里的经济命脉。除此之外，这座洁净的城市还拥有非常柔软的优美沙滩和闻名世界的姆禄公园以及尼亚石洞等得天独厚的旅游资源，因而，美里目前已经开始加大了对旅游的投资，希望能够吸引到更多的海内外游客前来度假休闲，旅游业毫无疑问将是美里未来经济发展的重点。

为了跟上旅游业快速发展的步伐，美里机场也在抓紧扩建当中，预计该机场每年可接待 200 万名乘客，航班之密度将排在吉隆坡和亚庇之后，居马来西亚第三名。在当地政府和航空公司的配合下，美里机场已升级为国际机场，目前开通了至香港、巴厘岛的航线。同时，由于美里机场与文莱的特殊地理位置，我个人建议当我们从马来西亚国内其他城市或者世界其他地方飞文莱，发现机票价格很贵的时候，不妨考虑一下，先飞到美里机场，之后，再从这里通过陆路前往文莱，也是一种不错的选择，无论我们是出于商务目的还是私人目的。如果是出于商务目的，直接从美里机场打车到文莱，一个小时也就到了，加上打车的费用，总费用也许会便宜不少，做企业的也要成本核算啊；如果是旅行目的，选择这样飞既节省了金钱，又多看了一座城市，也

算一举两得吧。比

如说，从新加坡来文莱，就可以先

走陆路过境到马来西亚的新山，从新山飞到

美里的机票大约在 20—40 马币（马币：人民

币 =1:2.2）之间，也不过几十元人民币，抵

达美里之后，就算打车去文莱也比直接从新

加坡飞到文莱的机票要便宜太多。人在年轻的时候，多去世界上走走，看

看，总不是什么坏事情，尤其是在我们读书的时候，更应如此，只要找准方

法，钱绝对不应该成为我们年轻的时候出去看世界的障碍。

美里城市人口的一半以上是华人，从文莱一进入美里地界，与从阿拉

伯世界回到国内没有什么区别，异国他乡的感觉根本就没有。沿途到处都

是写有中文招牌的商店和餐厅，以及多座中文学校，甚至我还看见了一

所华文大学。路旁许多栋漂亮的别墅里面住的清一色都是华人，比我在

美国洛杉矶华人社区所见到的住宅还要漂亮、时尚。当飞机从美里起

飞前往亚庇时，当我看见机上清一色的华人空中小姐时，我忽

然找到了美里为什么被称之为美女之城的答案。在她们服

务的时候，说着一口流利的汉语和客人交流，态度

和敬业度都比国内高高在上的空姐们要好多了。

机上的广播竟然也和国内一样，先汉语后英

语，真让我怀疑自己是否乘的是一架国内

航班？

《Land Below the Wind》

40分钟后，飞机已经平稳地降落到了距离市中心9公里远的亚庇机场。需要注意的是，这里有两个航站楼，不同的航空公司在不同的地方办理值机手续，出发的时候，尤其要注意，千万别走错了。马来西亚的沙捞越和沙巴这两个半自治州，为了控制来自于其他地区移民的数量，保护当地的土著居民，同时也对动植物走私起到打击作用，都拥有自己独立的出入境管理体系，所以尽管我们乘坐的是马国国内航班，但在登机之前，同国际航班一样，也必须要办理出境手续，在亚庇落地之后，再重新办理入境手续。入关的时候，我仔细观察了一下，这里同吉隆坡机场一样，同样有办理落地签证的标志和很多提供旅行资讯服务的柜台。

享有"风下之乡"美誉的亚庇，位于马来西亚东部、世界第三大岛婆罗洲的北端，西临南中国海，是马来西亚沙巴州的第三个，也是现任首府。由于亚庇历史上曾多次遭"火神"光顾——最后一次发生在第二次世界大战期间，整个城市都被日本军队纵火烧成平地，所以称之为"火之都市"。火的马来语是api，客家人把它读作"亚庇"，所以沙巴人

把 KK 叫成亚庇至今。而它的另一个名字哥打京那巴鲁，"哥打"是都市的意思，"京那巴鲁"则是神山。

亚庇这个地方真是个宝地，虽然处于台风地带，却不受任何气候剧变的干扰，既没有台风也没有地震，常年温度 28 至 33 摄氏度之间。美国女作家安琪·凯斯曾在这里住过一段时间，她在自己的作品《Land Below the Wind》中，详细地描绘了这里的风光。很快这块不为世人所知的美玉通过她书中的介绍，慢慢被人们了解，成为了马来西亚著名的度假胜地，每年都吸引大批来自日本和欧美国家的游客，但中国游客还不多见。我们之所以在这次东南亚的行程中，安排最后一站抵达这里，也是几个因素的考虑。首先，在我们整个行程中既有时尚的新加坡、曼谷，也有充满宗教色彩的吴哥窟、文莱；既有现代化大城市马尼拉、雅加达，也有相对朴实的金边、河内，整个行程到现在也飞行了上千公里，我们也需要找一个美丽的海岛好好放松和休息一下；二是，在海岛的选择上，我们没有选择名气大的长滩岛、普吉岛以及巴厘岛，不是因为这些地方

不美，而是因为它们的名气太大，游客趋之若鹜，我怕到了之
后变成了看人而不是看海。　　　　相对来说，如果去海岛
度假，我喜欢清净一点　　　　　　的地方，在没有太多
人的迷人海滩上晒太阳，　　　　　是多么惬意的一件事
情啊。再说这里由于开　　　　　　发得较迟，现在还保
留着许多粗犷原始的自　　　　　　然美景，海水的洁
净度丝毫不亚于上面的　　　　　　几个海岛，甚至
还要好，而且东南亚　　　　　　　最高山——
海拔 4095.2 米，每　　　　　　　年增高约
5 毫米的京那巴鲁山　　　　　　　也坐落在
此。这座山是众多

徒步旅行者的圣地，也是嘉达山族祖先灵魂的安息之所，当地人称为神山。这座"神山"和我们中国还真有千丝万缕的联系，"京那"（Kina）一词在当地原住民嘉达山语中竟然是"中国"的意思，而满城随处可见的中文招牌也使人感觉一点儿不像在国外。到了这里我们既可以下海，观看五颜六色的热带鱼，人鱼共游；也可以上山，探索原始森林的奥秘，事实证明，这样的选择完全是正确的。

我在机场先转了一圈，取了一份免费地图和一些印有住宿、潜水等信息的小册子，机场不大，但很整洁和干净，也很现代化。由于城市很小，出租车几乎也不打表，打哪里都直接讲价。从机场到市中心，可以坐 Mini Bus，2 马币，直接打车到我们预订的酒店，20 马币，这个价格在当地打车已经算是很高的价格了，也是市内比较远的路途了。当地除了伊斯兰教、基督教文化之外，中华文化在亚庇更是源远流长，许多年之前就有华人在这里聚居，年轻的一代自不用讲，现在连有些土著族群都能说一口流利的客家话。出租车司机就是一位很健谈的华人老伯，一路上给我们介绍了很多关于亚庇的风土人情，据他说，此地的原住民和台湾的原住民还拥有同样的渊源。临下车时，他还热情向我们推荐了一家吃"肉骨茶"的地方，以至于在接连的几天之中，我们的晚餐都是在这里解决的。当然在这样一个美丽的海岛城市度假，我们选择的是一家三星级酒店，41 美元/晚，平均每人 150 元都不到，不仅可以免费无线上网，而且还有免费的早餐享用，性价比真是不错。当然，也可以根据自己的不同需求，选择不同的酒店，最低的 B&B 和家庭旅馆，15 美元/晚也很好了。

任何喜爱接近大自然的人，都会觉得拥有完全没被破坏的自然美景的亚庇是个与众不同的度假天堂。作为夹在喜马拉雅山脉和新几内亚山脉之间最高的山脉，距离亚庇市中心 83 公里，占地 754 平方公里，仅 3 个小时车程的京那巴鲁山，在冰河时期曾经是冰天雪地，由于气候变暖，使得冰消瓦解，在大片的冰川作用下，造就了今天我们所看到的奇峰异岭和世界上少有的赤道冰河遗迹。从南中国海仰望，锯齿形的群峰，俨若堡垒雉堞，雄踞南天，除主峰罗氏峰外，附近还有维多利亚峰、圣安德鲁峰等众多形状各异的山峰。2000 年，这里被评为马来西亚第一个世界文化遗产，以茂密的原始森林、多种多样的动植物资源等特点闻名于世界，有人将它

京
那
巴
鲁
山

与台湾玉山、日本富士山并称"海外三仙（山）"。

京那巴鲁山中古木参天，山顶云雾迷漫，高山峡谷间溪流湍急，到处是险滩瀑布，景色壮丽而又秀美。时至今日，生态资源仍维持得相当完整，拥有 4000 种以上的植物和超过 3000 种的鸟类，以及 100 多种哺乳动物，从热带植物到寒带植物，从低海拔一直到高海拔的蕨类、阔叶林、针叶林、野兰花、以及神奇的肉食植物—"猪笼草"和世界上最大的花—盛开时直径达 1 至 2 米，色泽红艳的"大王花"等特殊植物生态都聚集在这里，可以说世界上再也找不到这样一个植物生态的会合地，被誉为世界上最古老的植物园。每年都有 20 万游客进入这里，夏天来避暑，冬天来这里的 Poring 温泉泡澡，令人十分惬意。在这些游人中，每年光来这里拍摄新婚摄影的客人就占了大多数。想想也是啊，将自己新婚的倩影留在海拔 4000 米的高山上，何等的浪漫和小资啊！

京那巴鲁山同时也是一座非常容易攀登的高山，大部分游人不用经过专门训练，便可在两天之内成功登顶。2－4 月是登山的最佳季节，8 月则是山上最冷的季节。目前，在每年一度的国际京那巴鲁山登山比赛中，保持最快登顶记录是一位墨西哥人，仅用时 161 分钟；而一位来自日本 90 岁高龄的女士，成为了登上这座东南亚最高山峰的最高长者！躺在酒店的被窝里，当看见了小册上记载的这些记录之后，我汗颜了半天，这辈子肯定没戏打破这些记录了。其实，对于登山，我一直是非常热爱的，祖国的三山五岳我也去过了其中的几座。17 岁的时候，我一个人从沈阳就乘火车去了四川，登上了峨眉山的金顶，那种文化和历史的深度，至今使我不能忘怀。（见《3000 美金，我周游了世界》一书）

长吻 直至雨停……

虽然登山是很多人来这里的最爱，但对我还是喜欢呆在温暖的海水中，好好休息和放松一下，于是我将此次行程的最后三天，统统都留给了海洋。

　　第二天，我们差不多睡到中午时分才起床，既然是下海，呵呵，也就没有必要着急起床了。亚庇城市很小，出门我们也没有乘坐公交车，走路差不多20分钟就到码头了，打车的话10马币也足够了。市内的大型购物中心也不是很多，Wisma Merdeka 和 Centre Point 算是两家非常大的购物中心了，但其规模与商品种类根本无法与新加坡和曼谷的购物中心相比，所以我也没有前往。如果想买一些当地的特产的话，位于 Le Meridien 酒店后面的 Pasar Kraf Tangan（菲律宾市场）倒是可以一游，这里的摊档一个挨着一个，巴迪布（一种以蜡绘图或烙印而成的衣裤）、木制相框、民族小娃娃、风铃、手链、颈链、戒指、扣针等色彩缤纷的商品应有尽有，货品的种类让我眼花缭乱，晕了半天。在这里换钱的话，市中心有好几家兑换店，直接货比三家就可以了，不需要任何手续费，且大部分是我们华人所开，虽然也有人民币兑换业务，但给的汇率都不咋地，远远不如港币。

　　由各具特色的 Sapi（沙庇岛）、Manukan（马奴干岛）、Gaya（加雅岛）、Mamutik（马慕迪岛）和 sulug（苏鹿岛）等岛屿组成的东姑阿都拉曼海洋公园，是珊瑚礁及海洋生物的保护地，几乎所有前往亚庇的人，都会前往这5个岛。在这5个岛中，面积排在前面的是 Gaya 岛和 Manukan 岛，都以海滩、潜水闻名，而且饭店、网球场、滑水中心等各项旅游设施一应俱全，并有可供住宿的木屋酒店提供。如果时间宽裕的话，在木屋中住上一个晚上，也别有一番情趣；Sapi 岛则是传说中让人有"跳海冲动"

的小岛，岛很小但水质很好，特别适合浮潜和露营，附近还有很多鱼群，是欣赏热带鱼最好的地方；面积最小的 Mamutik 岛则拥有丰富的珊瑚生态，北面与东面的海床很深，海底下的瑚礁可发现罕有的白色 Distichopora 与红色 Drophyllia，是潜水爱好者必来之地，在这里船潜的话，可以更好地欣赏到美丽的海底珊瑚和鱼群；Sulug 岛则是开发时间最晚，也是距离岸边最远的岛屿。这个尚未被接触过的净土，让人有远离尘嚣的宁静感，岛上西南端的珊瑚群是整个公园最让人心动的地方。

乘坐快艇往来以上几个岛的交通非常方便，不用预约买票，随到随上，集齐了 8 到 10 人，船家就会开船。在码头有好多家船务公司，彼此竞争也很激烈，但票价各家都一样，拼的是服务。需要注意的是票买的是谁家的就只能坐谁家的船，所以买票的时候，最好观察一下，哪家当时的客人比较多，这样回程的时候不至于等待很久。从码头出发，20 分钟左右就可以抵达其中一岛，任意一个小岛间的距离也不超过 10 分钟的快艇时间。船费每个岛 17RM，两个以上每增加一个岛只需要再加 10RM 即可，此外上岛成人还需要另交 10RM 的入岛费，儿童 6RM。

Sapi（沙庇岛）有降落伞和摩托艇之类的花钱项目，所以去往那里的游客大都是团队组织前往的，人多也很噪杂，这一点我可不喜欢。所以我们第一个前往的是 Manukan（马努干岛），这个岛是很多游客的必到之处，整个公园的管理处就设在这个岛上。航行大约 20 分钟就到了，还未上岸，就看见海水已从淡绿色变成了蓝绿色，透明和清澈的海水中出现了很多五颜六色的热带鱼，体型要比泰国普吉岛的大些，悠然自得地游来游去。好多游人在延绵数里、细腻洁白的沙滩上悠闲地晒太阳，在徐徐海风中，躺在藤椅上打着盹；一群快乐的孩子们在岸边拾捡着贝壳，欢快地跑着；还有一些人在玩浮潜，欣赏着美丽的海底世界；更有一些人，拿着准备好的面包坐在伸出岸边的浮桥上喂鱼，当面包渣掉到海面上的时候，鱼群就像蜂群一样冲了过来，互相争抢，一点儿谦让精神都没有。不过，此时此刻从桥上往下看去，绝对是一幅美丽的画面。

第三天，我们前往的是 Sulug 岛。整个小岛当时连我们总共才 7 个人，感觉仿佛进入了一个世外桃源，令人难以置信的心旷神怡，这样的场面真是不可多见。在清澈透明的海水中，我畅游了好久，直到精疲力竭，人生得此享受，夫复何求?！下午三点多钟的时候，照例这里下起了毛毛细雨，站在细沙连绵的金色海滩上，一对来自德国的情侣紧紧地拥抱在了一起，他们的长吻直至雨停都没有停止……

周游世界——有你、有我、有我们

　　亚庇不仅是沙巴的空中门户，而且是古晋、斗湖以及山打根等马国东部城市飞往外界的中转地，也是东马来西亚最重要的航空枢纽，同时这里也是我们中国南方城市前往东南亚一带，最重要的航空枢纽之一。这里一方面有直飞澳门和深圳的航线，一方面有直飞菲律宾、印度尼西亚等国家的航线，从这里中转的话，我们可以花很少的钱就可抵达新加坡、泰国以及柬埔寨等国家，比之国内高昂的国际机票，这样飞的话，可以帮助我们节省大量钞票。比如说，我们想从深圳飞往新加坡，就可以先飞到这里，提前预订的话机票价格基本在200—400元人民币之间（不含税，以下同），之后再从这里飞往马来西亚新山，价格在100元之下，过境之后就是新加坡了。抵达新加坡之后，由于新也是亚洲最重要的航空枢纽之一，从那里又可以飞往澳大利亚、印度、斯里兰卡以及迪拜和毛里求斯等国家和城市，从而大大拓宽了我们的飞行视野，用很少的钱，我们就能抵达更多的国家，进而开拓我们的视野，让我们每一个普通人都能成为一名国际人。

　　从亚庇飞回澳门，我们的机票还不是很便宜，119.99马币（RM），约等于37.03美元，我们就从马来西亚飞回了祖国。抵达澳门机场之后，车费3.3澳门元，AP1（机场1线）直接就将我们送到了拱北海关。过关之后，就是美丽的海滨城市珠海了。珠海的交通四通八达，通往广东省内自不必说。就是飞往北京、上海，珠海都是一个非常不错的选择。提前预订的话，2.5折（490元）飞北京的机票一点儿都不难买；同样，最低99元人民币飞上海的机票相信也会让很多人感到欣喜。

　　飞回澳门抵达珠海之后，《299美金飞遍东南亚》的行程也即宣告结束，3个月之后，我又踏上了《699美金飞遍新东欧》的里程。在本书的最后，还是借用我在《3000美金，我周游了世界》一书的前言里所写，"相信我，人生没有克服不了的困难。"真诚地希望每一位普通的中国人都能够勇敢地走出国门，实现周游世界的梦想！期盼在下一次周游世界的路上有你、有我、有我们。

附录：

航空签证篇：

　　马来西亚的航空业在整个东南亚地区都占有举足轻重的地位，从澳门、深圳、广州、杭州等地都有直达航班前往马来西亚。通过马来西亚中转，可以很方便地抵达柬埔寨、巴厘岛、澳大利亚等国家和地区。

　　在国外乘机，有些航空公司有一些不同于我们国内航空公司的规定，乘坐时请注意：① 机票只能通过当地电话或者网上预定，只有电子机票，必须使用信用卡付款，机票预定成功后需要自己打印保存（所以最好多打几份放在包里不同地方备用）；② 托运的行李一般限重15公斤；③ 登机后没有固定座位，像坐公共汽车一样，自己找座位；④ 机上不提供免费餐饮，需要的话可以付费购买，原则上也不允许自带饮料和食物（但是小小的东西还是能够通融的）。

　　马来西亚目前对持有中华人民共和国护照的旅客实行落地签证，费用每人30美元，对比起国内80元的签证费来说，是贵了一些，但方便快捷，下机就办。选择在国内办好签证还是选择落地签证，可以根据自己的实际情况予以处理。

后　记

从 2003 年我出版的第一本书《3000 美金，我周游了世界》到今天的第三本书《299 美金飞遍东南亚》，支持我走过这些年风风雨雨、坎坎坷坷的，正是读者们、同仁们、朋友们的巨大支持和鼓励。

在此我首先要感谢的是旅游卫视的制片人王斌先生。在我们即将出发的前夜，他深爱的父亲不幸因病去世。由于机票和签证的姓名皆不能更改，为了此次行程的跟踪拍摄，他毅然将老人家的后事托付给了家人，凭着对电视工作的热爱和对自助旅行事业的支持，忍住悲伤圆满地完成了此次电视拍摄任务。在此，请接受我最深深的谢意。

其次，我还要深深感谢的是一直给予兆瑞环球网无比信任和支持的海内外的风险投资家们，正是这种强有力的支持，兆瑞环球网才能在一片红色海洋之中开拓出属于自己的一片蓝海。在兆瑞环球网的发展过程中，还要感谢的是给予无私帮助和鼓励的袁方老师、陶青老师、王德友先生、李彦君女士、王临雪女士、高峰先生、郭亚军先生、杨新春先生、王吉鹏先生、于洋先生、马锐先生、骆新先生、罗谓临小姐、王琪璋小姐、乐琰小姐、蔡穆小姐等许多认识和不认识的朋友，正是得益于他们的大力支持，我才能将帮助普通中国人实现环球旅行梦想的事业坚持到现在。

我还要特别感谢的是中华书局的李岩总经理，让我有幸在这样一家名牌出版社出版自己的作品。责任编辑王军先生以及本书的内文设计李海峰先生，为使此书早日与读者见面，更是付出了超出常人的艰

328

辛劳动，耗费了大量的心血。另外毛淳先生、刘红女士、陈旷女士、杨超小姐、丛菲菲小姐也对本书的出版给予了大力支持，在此请允许我一并表示深深的感谢。

最后我还要感谢的是我的家人和所有兆瑞环球网的同仁，以及这些年来始终关注支持我的广大读者。正是由于得到了大家的全力支持和无私奉献，才让我走过了这些年的风风雨雨。创业的过程是艰辛的也是痛苦的，但更是快乐的。我深知，帮助普通中国人实现环球旅行的道路还很长、很远，但是我愿意坚定地在自己所选择的道路上走下去。随着时间的推移，我坚信会有越来越多的有识之士加入到这个团队中来，一起将这个伟大的事业做大做强。尽管前面充满狂风暴雨，可是我依旧无怨无悔，背起行囊，坚定上路。

朱兆瑞

2008 年 9 月 9 日于北京

东南亚自助游宝典

东南亚地区有着世界级的旅游资源，而旅行花费却并不高，是性价比颇高的"咫尺天堂"。要想玩出原味东南亚，好好利用假期休闲娱乐，来一回东南亚自助游吧！

一. 出行准备篇（在国内）

第一步 护照和签证

（一）护照

护照是出国前第一件应该落实的事情。它可是走出国门之后最重要的通行证，有了它才能离境和申请其他国家的签证。

办理中国公民普通护照的手续很简单，只需要携带户口本和身份证，以及两者的复印件各一份，找到户口所在地的公安局的人口出入境管理处，记得随身备一支黑色水笔，办理护照需要填。中国公民因私护照需要200元工本费，以及30元的护照照片拍摄费（5张无底片），整个审批过程大约14个工作日。因而在启程前一定要预留充足的护照申请时间，这样万一有了变故，也好有时间进一步处理。

已经有护照的话，要仔细看看护照的有效期和签证页，东南亚国家的签证一般都需要护照从入境时间算起，至少有6个月有效期，已经或即将过期的护照请及时申请延期和换证。另外，保证护照至少有1页空白签证页是必需的。此外，出发前一定要检查护照是否放在稳妥又便于出示的地方，还有复印件也是如此。

（二）签证

目前个人前往东南亚各国旅行，必须在出发前确认办理签证的最新资料。

签证地点：东南亚各国在北京均设有大使馆，在广州、上海、香港、昆明等地也设有领事馆可以办理签证。

签证材料：一般包括有效期至少在6个月以上的护照、签证照片、单位在职证明、经济证明及复印件和签证申请表等。

越南、柬埔寨不需要申请人亲自去使领馆办理签证，而菲律宾、马来西亚、泰国、新加坡要求必须是本人亲自前往签证处申请，具体情况请参看前往国家的网站。

落地签证：在柬埔寨、泰国、马来西亚、印度尼西亚等国家的机场，中国公民凭借护照可以办理 15−30 天不等的落地签证。凡是中国内地游客，如果持有澳大利亚、加拿大、日本、新西兰、英国和美国 6 个国家的有效签证或长期通行证（最少一个月的有效期）到达新加坡过境，可以享受在新加坡落地过境 96 个小时（4 天）特许免签待遇。

在线签证：柬埔寨可以在线签证，即 e-visa。申请人在线完成申请表并用信用卡付款（$25，含 $5 手续费），3 个工作日后就可以通过电子邮件收到签证，打印出来就可以使用了。材料与传统签证类似。

特别注意的是，网上说一些国家在边境入关时会检查国际旅行健康证明书，但是我从来没有遇到，好像也没有听说要求谁出示过这个东西。想当年去英国留学的时候，还特意花了不少钱去办理这个国际旅行健康证明书，结果从包里从来就没有拿出来过，整个就是废纸一张，一点儿用都没有。

第二步　旅游保险

旅行中也许会发生意外。可能会丢失行李、生病或者卷入纠纷，也可能不得不匆忙飞回家。这些事情不仅仅会发生在旅途中、潜水时，也可能出现在旅行者会到的任何地方。但如果购买旅游保险的话，应把所有这些风险都考虑在内。把保险写在出发清单的最顶端——决不能没上保险就出发。

旅行社、学生旅游机构和一般的保险公司都有旅游保险业务。看清楚条款再交钱。记住目的地不同，保费也会有随不同。另外在办理保险时还要注意：

1. 确认保单包含送回国内项目——要再次确认当遇到危险时，是只撤离到最近的地区性医疗机构还是返回国内。
2. 确认保单中是否包含潜水的项目。
3. 检查一下保单中是要求当场支付还是稍后还款，以及保险公司是否会直接向提供救助的机构付款。如果只能事后索赔，一定要保存好所有的单据。如果遇到医疗问题，有些保单会要求先给国内的受理中心打电话（对方付费电话），他们才会做出评估。
4. 如果患有高血压、糖尿病、哮喘或者其他疾病，要确保这些疾病也包含在保单中。通常，如果身体状况已经确诊并且情况稳定，一般都可以获得保单，但是不同的保单内容会有不同。
5. 如果突然决定要在国外呆得更久一点，要确认可以远程操作延长保单，并且只需要支付延长时间所需要补交的成本差，而不必再购买一份新的保单。
6. 当涉及到地域问题时，要确保和保险公司所说的内容一致。

第三步　旅费

（一）旅费总预算

出行前的旅费预算中应包括：护照签证费、酒店费、机票费、当地交通费、通讯费、景区参观费、购物和饮食花费等。

护照签证费可以参考前文。酒店机票费用一般都可以在出行前确定，但是要注意，虽然机票的价格很便宜，甚至是 0 美元，但是机场税、燃油附加费等也是一笔不小的数字，在预定机票时，一定要一起考虑进去。住宿的话，正如前文写过，在东南亚当地青年旅馆的价格一般不会超过 20 美金每晚每床，但是不推荐住宿青年旅馆，因为性价比不是很高。在东南亚当地的交通费用视国家差异有所不同，越南、柬埔寨、泰国、菲律宾、印度尼西亚比较便宜，但是文莱、新加坡、马来西亚相对较高。通讯费包括手机费、当地长途电话卡费用、邮寄明信片的费用，如果入住的酒店不能上网，当然还要考虑去网吧上网的费用。景点门票费用可以事先查询各地的游客信息中心确认。购物和美食这两部分灵活性在旅费构成的各部分中最大，不过东南亚国家中越南、柬埔寨、印度尼西亚、菲律宾的物价都不是很高，只有马来西亚、泰国、文莱、新加坡等地奢侈品比较多，可能花费会较多。

（二）汇率与兑换

关于汇率，请大家注意，一是每家银行的汇率不同，要多跑几个银行看；二是银行的外汇牌价往往分几种，银行的卖出价就是你的买入价，也就是银行"卖"外币给你的价格，反之，银行的买入价就是你的卖出价；三是有些银行还有一个比较不好的就是钞和汇的区别，往往还分"现钞"和"现汇"，简单说钞就是现金，汇就是存在账户里的，只有中国银行是不分钞、汇价的，其他银行还分，分的结果就是最想要的"外币现钞"的价格，基本上是最高的。去泰国和马来西亚等国家可以考虑携带港币。

> **越南盾**：带美金和人民币。在河内去金店换汇率比较高，人民币比美元合算。过了河内就很难找到收人民币的店了，都要用美金。旅行支票要到正规银行换，手续费大约 3%。
>
> **柬埔寨瑞尔**：无须换钱，美金通用。默认美金汇率 1:4000 瑞尔，遇到要买小东西比如 1000 瑞尔的玉米，可以给 1 美元让对方找 3000 瑞尔。在金边 Boeng Kak 湖旁有一片外国游客聚居的区域，有很多小店收旅行支票，手续费一般是 1—2%。
>
> **泰国铢**：国内换好带过去比较好，或者在国内带港币过去换，中行汇率比较高。考山路和中国城有很多换汇店，汇率不太稳定。旅行支票不论面值大小每张收 33B 手续费，但是汇率比现金高一点。
>
> **马来西亚马币**：用港币兑换比较合算。
>
> **文莱元**：携带美金或者新币比较好，新币和文元在文莱等值流通。

（三）折扣卡

国际青年旅社会员卡

国际青年旅社协会（YHA）会员卡持有者有权在全球 4500 家该协会所属的青年旅馆留宿。如果你出国前没有申请加入，到达目的过后也可以入住当地青年旅社，但会员不仅有权获得优质住宿，还可以在购买某些商品和服务时得到折扣。此外，全球大部分青年旅社都参加了积分优惠活动，积分到一定程度可以获得一晚免费住宿。

办理会员卡必须本人亲自办理，需要身份证 / 护照和 50 元费用，可以在北京的"兆瑞环球网"办理，或者去各地的代理机构办理，价格一样，当天即可拿到激活的会员卡。

在东南亚各国，青年旅社非常普遍，而且有很多有名的小店值得尝试。不过注意：在澳门使用青年旅社会员卡预定房间，必须提前 8 个工作日（少数为 15 个工作日）去青年旅社的官方网站下载申请表申请。

当地的交通卡

东南亚一些国家出售专门给游人使用的短期交通卡，购买该卡乘坐公共交通工具，可以享受一定折扣。泰国地铁出售一种一天内无限次乘坐的交通卡，香港地铁出售游客地铁一天乘车证、游客八达通卡，在新加坡乘坐地铁也可由购买当地的 E-Link 卡获取一定的交通折扣。办理这些卡一般在入关处就可以咨询到。

（四）携带旅费

携带旅费不应再成为令人头疼的事。现金、借记卡和信用卡的组合式最佳的方式。如果需要大宗购物，旅行支票也是不错的选择。

借记卡和信用卡

借记卡可以直接在国外的 ATM 机上取现金，现金直接来自该卡在国内的账户，只要找到所持借记卡的网络标志，例如 Visa 或者 MasterCard，就可以取现了。但是这种卡的手续费通常不低。而在出现紧急情况或者遇到突发的大额支出时，信用卡就派上用场了。

出行前确认信用卡和借记卡都没有过期，同时把发卡银行的详细信息记录下来，包括遇到紧急情况可能用到的电话。

银联卡和双币卡

出国购物也要明白消费，用银联卡可以节省手续费、享受中文服务，而双币卡的网络覆盖和受理环境等方面的发展更为成熟。出境游应该至少准备两种不同的银行卡和不同银行的信用卡。

东南亚国家的银联服务比较完善，特别是在泰国，用银联卡消费非常划算，取现的话，单次额度在 2000 铢以上汇率也比较合适。而如果走 VISA 或者 MASTER 的清算，还需要收取 1.5% 的货币转换费，计算方式是把当地货币转换成美元再转换成人民币记账。

取现时可以先换几不同的家银行查看余额，对比不同地方的汇率的高低，找到最实惠的地方，不过注意不要多次重复查看余额，因为每次查询都要收取一定额度的手续费。任何一笔交易，建议最好把单据保留三个月以上，和当月的账单核对确实没问题后再销毁。

旅行支票

外币旅行支票是指境内商业银行代售的、由境外银行或专门金融机构印制、以发行机构作为最终付款人、以可自由兑换货币作为计价结算货币、有固定面额的票据。境内居民在购买时，须本人在支票上签名，兑换时，只需再次签名即可。

和现金一样，旅行支票也有不同票面。去东南亚旅行最好携带美元支票，分 20 元、50 元、100 元、500 元、1000 元。可以避免兑换当地货币所带来的不必要的汇率损失。凭本人有效身份证明、前往国家或地区有效签证的护照或港澳地区的通行证，就可以在各大银行用外汇现汇账户内资金购买等值 1 万美元（含 1 万美元）以下的旅行支票。如果没有外币，市民可在因私出境换汇的额度内，根据《境内居民个人购汇管理实施细则》等有关规定，办理用人民币购买旅行支票的手续。

现 金

带些现金是很必要的，东南亚很多国家有收取小费的传统，所以出行前换些小额外币也是必要的，最好是美元（1 美元）。尽量安全地存放你的现金，因各人习惯而异，最好不要离身。

到达当地如果需要兑换当地货币，一是可以找当地银行，二是可以在大的商场兑换，黑市上兑换需要承担一定风险并且是非法的，容易被捕或被勒索。另外到达当地还有一些 Guest House 也可以兑换，而且通常汇率会比较不错。另外在越南时，当地标有一颗钻石标记的金店的汇率也不错。

第四步　预定机票和酒店

机票和酒店是旅行的重头戏，选择好，你的自助行就已经成功了一大半。

（一）机票的选择

在有限的条件下选择航班，时间和很好的渠道是首要因素。转机带住宿的航班可以考虑，虽然行程被拉长了，但是舒服一些。在预定机票时还要考虑到酒店中午 12 点退房的国际惯例，东南亚国家中，香港机场有贴心的提前在城里的 Check In 服务，在其他国家，考虑先把行李寄存在酒店是一个解决大包小包"没地儿放"的好方法。

如果自己搜索不到便宜的机票，可找专业的国际旅行顾问帮忙，只不过要心甘情愿支付一定数额的代购费。

（二）酒店的选择

尽量在头一天确定下一天的酒店，但是注意不要一次定的太久，时间死了临时想玩什么地方反而没办法了。酒店的地理位置应当是第一位考虑的，交通一定要便利，比如在新加坡选择乘坐地铁，那么就要选择临近地铁站的酒店。不要一味贪图便宜，一个舒适的休息环境有助于在疲惫的旅程中恢复体力，好的体力和充沛的精神是旅行重要的成本。东南亚国家有些酒店（特别是在暹粒的 GH）没有热水，提供热水需要另付钱，不要为了这几十块钱损害了身体健康。再有，尽量选择有免费接机的酒店，往返机场的交通也是不小的数目，免费而营养的早餐可以帮助维持一天的好心情。

东南亚国家星级酒店的标准普遍优于国内，除了新加坡、文莱外不推荐住青年旅馆，青年旅馆按床位收费，虽然便宜但是需要共用卫生间，还得与陌生人合住。东南亚其他国家酒店和旅馆的费用都不贵，特别推荐泰国的设计酒店，非常别致，让人难以忘怀。

第五步　收拾行囊

（一）行李箱

出境旅游若超过 5 天，建议带 3 件行李：托运行李箱 + 随身行李背囊 + 贴身小包

1. **托运行李箱**：托运行李箱要讲究轻便、坚固耐用，免费托运行李一件（重量不得超过 15 公斤，长、宽、高合计不得超过 269 公分），可将日常用品、换洗衣服、电器配件、水果刀等放于行李箱内。

2. **随身行李包**：把较贵、易碎物品或随时要取用物品放在随身行李内。例如：自备药品、摄像机、照相机、电池等。上山或者长途行走的话，建议选择一个双肩旅行背囊，这样可以把双手解放出来。

3. **贴身小包**：一个很小的背袋，不离身。用来保管贵重物品，诸如护照等各类国籍证件、现金、机票、银行卡。最好把护照等纸质物品用防水的塑料袋包好后再放进小包，这样即便是下海也可以随身带着这些证件，不必担心遗失。

要注意，当乘坐低成本航空公司的飞机时，航空公司会按照行李的数量收费，在欧洲，差不多是 10 欧元一件，这时，可考虑将几个包精简一下。

（二）必备物品：

1. 衣物

轻便透气的棉质 T 恤，速干的七分裤，女士可以带一条休闲些的长度过膝的裙子。

必带泳衣，去东南亚怎么少的了下海。

带长袖，女士还可以带条丝巾或者围巾。东南亚国家的酒店房间和空调巴士里面的温

度一般都会开到很低，另外在吴哥古迹内会有风沙，此时一条丝巾的用处可能显得更大。

如果要登山，记得带上手套。

2．伞、轻便雨衣

东南亚国家地处热带和亚热带，雨林气候显著，降水丰沛，出行时备件轻便雨衣可以方便应对不时之需。

3．转换插头和变压器

东南亚国家电压一般在 200V～250V 之间。世界各国的插座形式是不统一，需要携带转换插头。最好的方法是干脆在国内买个万能转换插头，走到世界哪里都可以使用，也省了记插座的麻烦。转换插头要选正规的商店购买，价格一般都在 40 元左右，不要贪图便宜买廉价插头，万一损毁了自己昂贵的数码产品岂不是得不偿失。

4．拖鞋、牙膏、牙刷

东南亚国家的酒店中很多都不提供拖鞋、牙膏、牙刷，而且出于卫生保险的考虑，最好自备。

5．防晒用品、晒后修复用品

东南亚国家的阳光紫外线很强烈，长期在户外运动容易晒伤，因而最好带高倍的防晒用品（SPF50++），每天出门前 20 分钟使用。游玩归来后再用晒后修复乳液犒劳一下饱受炙烤的皮肤。

6．太阳镜、帽子

带上这些防晒用品，缓解东南亚强烈的紫外线对眼睛和头发的刺激。

7．药品

东南亚地区肠胃疾病高发，去东南亚旅游之前应准备些治疗腹泻、疟疾、毒虫叮咬和清火的药品，若一直在长期服用某种处方药，则必须带上医生的处方。另外记得携带祛暑药，每天服用。

卫生用品方面可以适量携带绷带、纱布以及卫生棉球。这些东西在当地不容易购买。

8．笔记本

出国前把搜集到的实用信息都抄录在本子上，以备出国查用。另外在境外游玩的过程中方便随手记下有用的信息和有意思的感受，给自己留下更多美好的回忆。

9．手电筒、头灯

夜间出行或者照明条件不好的时候用来应急，特别是夜间在吴哥古迹内骑车或者行走时，那里夜间是没有照明的。

10．旅游信息指南（LP）

经常自助旅行的朋友亲切地称呼这种信息指南为"老婆"，足以见它对自助旅行者的不可替代的重要意义了。出发之前到网站上看看，提供的信息往往更加准确。

11．蚊不叮、驱蚊药水

东南亚的热带雨林气候滋养了成批成批的蚊子，普通的风油精、清凉油、花露水在那里经常失效。最实用的推荐 2 款：①Boots 的防蚊液，在泰国机场 4 层的 Boots 免税店有售，

325 铢；②虎牌蚊不叮，在马来西亚吉隆坡 Traders 有售，10 马币（约￥20）。

12. 胶卷

大部分型号的胶卷在当地都能购买，但价格较贵，最好出发前准备好足够的胶卷。

13. 安全物品

钱袋：携带借记卡/信用卡、现金、护照和其他重要物品，穿在衣服里面，但是不要把零钱放进去。棉的最好，可以洗，贴身带着还很舒服。但注意把护照等怕水的物品用塑料袋封好再放进钱袋。

挂锁和链条锁：可以用来锁住旅馆房门，以及把行李锁在行李架上。

个人安全物品：例如个人警报器、门内警报装置和适合用于背包的 Pacsafe 防盗钢丝网。

防水袋：可以把钱和纸质证件放进去，这样下海时这些重要文件也不需要离身了。

二．行程篇（在国外）

（一）在路上

旅途中难免要在飞机和火车或者长途巴士上辗转，在途中可以携带睡眠眼罩、放松的书籍或者音乐，尽量缓解途中的无聊，到达当地后提高睡眠质量的方法有：

1、在手帕或者纸巾上滴上薰衣草或者檀香精油一滴，需要的时候闻一下。

2、抵达酒店后做一个简易 Spa，檀香木、成化、山姆、罗马甘菊和薰衣草都有放松功效，任选三种在洗澡水中滴入 9 滴，浸浴 15 分钟。

（二）入乡随俗

1. 了解当地法律

进入别国境内，就应当遵守该国的法律。

东南亚国家大多数都严禁毒品，在泰国、马来西亚、菲律宾发现携带毒品最高可以判死刑。

不要携带盗版出版物、淫秽出版物入境，在海关会被查出而且对你整个旅行会造成长远的不良影响。

严禁携带武器、爆炸品出入境，也不得携带接收器、光盘、立体声收录机等日常用品入境。未附处方的药品属于管制物品，无论携带数量多少，均视为非法。

少量携带烟酒，东南亚有伊斯兰教国家，伊斯兰教禁酒。

不要在寺庙、神殿等宗教建筑和博物馆内拍照，除非能够确认那里允许拍照。

2. 尊重当地风俗习惯

东南亚国家中，多信仰佛教和伊斯兰教，而且往往有自己独特的风俗习惯。去那里旅游，提前了解这些风俗习惯可以帮助免去不必要的麻烦，并且更好地融入当地人中：

① 不要用手摸小孩的头。

② 不要用食指指物或指人，指方向时用大拇指指，其余四指握起。

③ 参观宗教景点必须脱鞋，不要穿着太暴露，一般要求上衣有袖子和领子，下身服饰长过小腿。

④ 恋人和夫妻不要在公众场合做出亲密举动。

⑤ 不要伸出手要求与当地女性握手。

⑥ 不要用左手递交东西。在东南亚诸国，人们认为左手是不干净的，握手时若伸出左手或以左手递东西给对方，对方会认为你是蔑视他，或是对他怀有恶意。因此握手或递交东西时，必须使用右手或是用双手为妥。

各国旅游注意事项：

菲律宾旅游注意：菲律宾的海岛游、探险游(含潜水、冲浪、与鲨鱼近距离接触等内容)比较盛行，在参加这些活动的时候，一定要特别注意安全。同时菲律宾气候炎热，一定要带上防晒膏。

泰国旅游注意：① 女士不要去碰和尚，不要碰寺庙内的祭品。② 参观佛像不要攀爬到佛像上拍照，或者做出任何有失尊重的举动。③凌晨2时以后不准再买酒，否则会被警察处以罚款。④ 泰国人相信每个人头上都有精灵，被人摸头或以手挥过头顶，将使精灵之光黯淡无神，因此切记不可摸泰国人的头。⑤ 不可用脚来指物品，泰国人认为脚是最污脏的地方，因此以脚指物品及水果都是不敬的。

新加坡旅游注意：不要带口香糖到新加坡。不要随地吐痰及乱丢垃圾，交通工具上也不可以。参观清真寺，女士不可进入祷告大厅。

马来西亚旅游注意：云顶赌场男士应注意穿带领的短袖或长袖衣服，不能穿露脚的鞋。女士没有任何要求。

文莱旅游注意：午夜12点之前一定要返回旅馆。文莱是个很保守的国家，在街上抓到一男一女深夜不归，如果两人不是夫妻，就有被警察局起诉的可能。餐馆内喝酒要保持低调。

印度尼西亚旅游注意：印尼人初次见面都要交换名片。印尼人大多数信奉伊斯兰教，所以不可以用左手拿东西给他们。忌讳吃猪肉食品，忌饮烈性酒，不爱吃海参，也不吃带骨带汁的菜和鱼肚等。参观庙宇或清真寺，不能穿短裤、无袖服、背心或裸露的衣服。进入任何神圣的地方，一定要脱鞋。在巴厘岛，进入寺庙必须在腰间束腰带。

柬埔寨旅游注意：多带一些小的礼品，当地的穷苦孩子太需要外界的帮助了。

越南旅游注意：一定要和当地商人讲价，包括住宿、交通、购物、饮食等等，最好用书面的形式记录好成交的价格，并且携带好零钱。

（三）保持联络畅通

1. 手机

中国电信全球通手机可以自动漫游。开通国际漫游事项开通有两种方式：无欠费拖费记录可以直接通过 10086 开通，或者直接到营业厅办理，交纳押金。注意通过信用卡支付电话费的可以直接开通，不需要支付押金。

中国移动推出的飞信业务在国外也可以使用，而且算下来是东南亚各种通讯方式中最便捷实惠的。可以打电话到 10086 或者去移动营业厅办理。

2. 网络

大多数旅馆都提供网络服务，如果条件很差没有，也可以考虑去当地网吧。网吧通常按 15 分钟、20 分钟、40 分钟或者 1 小时为时间段来收费。想在目的地查找该地网吧的情况，可以登录 www.cybercafe.com 查询。

3. 信件、明信片

外出旅行，很多人习惯每到一处就到邮局去给自己的家人好友发明信片，一方面保持联络，另一方面也让他们了解国外的一些信息。邮局中通常有卖明信片和邮票，但是注意说明不需要买旅游邮票，那种邮票是收藏用的，价格比较贵，普通邮票一般不贵。

发明信片可以去当地邮局，或者很多酒店也有代发信件的服务。

4. 电话

在东南亚给国内打长途非常贵，如果没有要紧的事情，尽量使用手机短信。一定要打电话，也不要使用宾馆里面的电话，费用非常高。可以在当地的便利店内购买长途电话卡，当然费用仍然是不低的。

泰国机场内有免费租电话卡的地方，此外有很方便游客的 Happy 卡，卖 199 铢，含 50 铢话费，机场二楼有该公司的营业柜台。

柬埔寨有一种旅游 SIM 卡，$15 含有 $10 的通话费，先拨 165，后加 86+ 区号 + 电话号码，用完无法充值，只能重新购买。另外购买 SIM 卡需要询问当地人，不是随处可买的。

马来西亚公共电话不普及，但手机话费低廉单向，建议用手机充值卡，GSM 手机卡启用配套 RMB23.00 每人，充值卡面额有 30 马币和 50 马币两种，拨打大陆平均每分钟 0.50 马币（约 1.15 人民币）。

菲律宾马尼拉市内公用电话不多，打电话 3 分钟 2 比索。必要时可到饭店的大厅打，或直接在饭店房间内打。

新加坡的公用电话每分钟 0.1 新元，当地电话卡有新币 2、5、10 及 20 等面额，国际电话卡则有新币 10、20、50 等面额，各式电话卡可在樟宜机场、邮电局及各零售点购买，或先在台湾购买国际电话储值卡。

（四）交通方式

1. 打车

打车往往是最便捷最舒适的交通方式，自助旅行不是苦旅，因而不要极端地拒绝打车。

在东南亚国家打车有很多需要注意的地方：

① 尽量不要在机场内乘坐出租，很多国家只要绕出机场就可以至少节约 2－3 美元。

② 一定要要求司机打表，东南亚诸如泰国等国家司机经常不打表来宰游客；不打表的话也要事先说定价钱，记录在本子上以备留用。

③ 清楚地告诉司机目的地，最保险的方法就是取一份由英文和当地文字的旅游地图，到时候直接把目的地明确地告诉司机。

④ 在文莱机场和酒店以外的地方打车很困难，最好提前和出租车公司联络好。

2．租车

在东南亚国家旅行，如果有国际驾照，那么租车自驾也是不错的交通方式。特别是在马来西亚、泰国的海岛上，租车物美又价廉。另外，有些住宿的酒店，可以出租自行车，供在市内使用。在柬埔寨吴哥游玩时，一定要租车，Tuktuk 便宜一点，轿车稍贵一点，3 天下来不会都超过 $80，当然 Tuktuk 更便宜一些。

3．公共交通

新加坡公共交通系统很完备，尤其是地铁便捷又廉价，是在新加坡境内的最佳旅行方式。

曼谷的地上交通非常拥挤，堵车情况比北京还严重，但是新开通的地铁安全又快捷，还出售一日通票，是市内公共交通工具的首选。

菲律宾的公共交通以地铁和公交巴士最为普遍，另外一定要试试传说中用各种零部件攒起来的"花车"。地铁卡可以在报亭购买。乘坐公车注意公交总站的名称、各客运公司均不相同，甚至各路线的起止站也不同，上、下车前必须仔细确认，同时注意保存好车票以备查验。

马来西亚公共交通系统很完善，出租中有一种合租式的，满 4 人出发，费用相对比较便宜。另外时间不紧的话还可以体验一下人力三轮车，但是一定要讲好价格。

在文莱几乎没有公共交通，所以彻底打消坐公车的念头。

（五）免税 VS 退税

机场免税店的诱惑力永远无法抵御，欧莱雅、雅诗兰黛、LV、BOOTS、GUCCI 等国际知名品牌或许在国内购买会让人历经一番"痛下决心"的体验，但是到了免税店里，这些名牌却可以免去税费拿回家。同时东南亚泰国、新加坡、马来西亚等地也有很多购物退税的政策，当看到 Duty Free 时，说明这是一家免税店；当你看到 Tax Free Shopping 时，说明这家店可以购物退税。

购买免税商品的步骤：找到免税店—挑选商品—出示护照和登机牌后付钱。

购买退税商品和退税的步骤：找到退税店——选商品，填一式三份的退税单，交海关验证—选择不同的方式退税：机场退税、回国后现金退税或者用信用卡退税。

免税请注意：一般情况下只适用于出境者，所以必须在安检之后购买免税品。注意在到达目的之前不要拆开包装。免税物品也有数量限制，注意在购买前问清楚。飞机上也可以买到免税品，但是没有任何文件可以证明它的身份。

退税请注意：马来西亚、泰国、新加坡这些国家都可以办理退税。但是一般有规定必须买够多少钱才可能享受免税待遇，因此一定要看明白，不能草率。确保商场给开具的是黄色的退税单，而且信息完整，避免带来不必要的麻烦。退税单必须海关盖章才有效，有时官员会要求申请人展示所购买的物品，所以记得在办理登机手续之前申请。购物退税一般有三种途径：现金（在境外或回国）、支票（邮寄回国）、信用卡。在新加坡可以享受银联卡退税。如果要选择现金退税，要记得退税支票是有限期的，要保证在有效期内办理手续。

中国境内的现金退税具体地点见附表二。

（六）货币兑换

美元在东南亚国家几乎都可以流通，但如果为了交易更方便，可以在当地兑换一些当地货币。

菲律宾货币单位为比索（Peso）。货币种类有纸币2、5、10、20、50、100、500、1000P等8种，及硬币1、5、10、25、50Cent和1、2P等7种。建议一出机场就去海关旁边的菲律宾中央银行用美金兑换比索，一方面汇率会比私人兑换点的高些，另一方面是要给出租司机和酒店服务生小费

在泰国换钱的话建议美元换泰铢，而且面值越大的越好。飞机场，商业街，大的百货商店都有换钱的地方，商业街上的汇率通常会高一点，最高的是Siam City Bank。

在印度尼西亚换钱一定要去正规MONEY EXCHANGE去换，而且换钱前一定要问清楚实际到手的钱是多少，才能把美金交给对方。不要看到汇率高就去那些路边的小店换，那些店主很可能会有猫腻少给你钱。不要去大银行，那里不仅汇率不高还有手续费，最终你会得到一个很失望的兑换比例。不妨去当地邮局看看，那里一般都有货币兑换，汇率往往很不错，还很保险。

马来西亚不要用港币兑换马币，建议用美元兑换，甚至人民币汇率都优于港币。在亚庇找背包客旅馆的汇率比银行好。

柬埔寨通用的货币是"瑞耳"，它的面额有100000，50000，20000，10000，5000，2000，1000，500，200，100，没有硬币。美元和泰铢也可以接受，但是付款时将比被要求使用相当新的和没有记号或破损的钱币。换钱可以去国家银行（National Bank）、旅馆和街头换钱摊。街头换钱摊多且方便，价格也合理，但在旅馆的兑换率通常会低5%。

在越南用美元兑换越南盾最划算和方便。兑换在西贡的游客中心、购物中心如Diamond Plaza、百盛，汇率是最高的，机场次之，旅行社再次（注意小面额的美元，如1、5美元汇率会低些）。在越南，很多地方包括出租车司机找不开500000，所以建议换成50000和20000的，方便使用。另外可以直接带人民币在河内的金店换，非常划算，金店的标志是一颗钻石。

去新加坡前建议提前兑换些美金，新加坡机场可以兑换，但汇率不高。在境内换钱，小印度的汇率不错，另外China Town也可以，但是要注意交易安全。

（七）小费

东南亚国家中，菲律宾、泰国都是小费国家，司机、导游、餐厅和酒店服务生一般都要收小费。菲律宾一般在 10－20 比索（约￥3.5），旅游景点和精油按摩师的小费高一些，大约 100－200 比索。在泰国要给出租车司机、酒店清洁员小费，一般在 20 铢左右，但是注意不要用硬币，硬币是给乞丐的。在新加坡大酒店的某些场合，如搬行李、打扫房间应付1－2 新币小费。

印尼没有收小费的习惯，当然宾馆的行李搬运工、出租车司机都希望能够得到一些小费。准备一些小面额的 RP(1000/2000/5000) 和 1 元美金以备不时之需。小费一般不要超过RP10000，在给服务人员小费时，应避免给对方硬币。

在马来西亚给小费不是惯例。在酒店与餐馆，因为账单上已附加一项 10% 的服务费，所以不必给小费。若账单上注明要另付服务费（Service Charge），可付约 10% 的小费。旅客对饭店服务员、行李搬运工，可酌情给一点小费。

此外越南、柬埔寨等地没有必要给小费，在柬埔寨如有人要，给 2000 瑞尔到 1 美元就可以了，此外记得给当地乞讨的儿童 1 美元，他们很需要。

（八）安全提示

1. 保管好你的护照：出入境在取回护照时，千万记得检查一下是否已盖有这个入境边防章，因为边检人员可能会忘记在护照上盖章。另外，千万不可以把护照给任何人。如果旅馆说要押护照，那就给他一个复印件。护照一定要放在自己身边。
2. 外出游玩时，现金、护照、入境卡和贵重物品请一定保存好或寄在酒店大堂内，不要轻易乱放；由泰国前往马来西亚、新加坡或香港时，需搭乘国际航班，因国际机场的出关处不设置行李检查手续，所以在托运的行李中不要夹带现金和贵重物品。
3. 一定要在机场拿英语、当地语的双语地图。很多司机不懂英语。而且，一个地名的当地语言的实际发音和英语标注的发音不一定能对得上。所以，即使司机懂点英语，也可能不知道在说什么。
4. 东南亚当地有很多"摩的"，下车时要从左侧下，右侧有排气管，会烫伤腿。
5. 境外各地前台有免费保险箱为客人提供，贵重物品、证件、钱财切勿交他人保管。

三．东南亚自助游项目贴士

（一）潜水地点

东南亚传统潜水地一般来说有，泰国，菲律宾，马来西亚，印度尼西亚。印度尼西亚比较远，交通费用会比较高，巴厘岛的温差层很明显，不适合新手下水；蓝碧海峡要船宿；美那多潜水难度不高，但交通不方便。泰国潜水可以去普吉岛及周边岛屿，交通比较方便。所以建议初次去东南亚潜水的朋友不要选择印度尼西亚。

（二）十个东南亚自助游不应错过的体验

1、越南：会安—顺化的日间火车之行

绿到发亮的田野、温婉婀娜的会安女子……这一段路程上的美景，完全可以让你忘记旅途的疲劳，顺化古城也被《国家地理杂志》称为 50 个一生中必到的地方之一。

2、在亚庇上山下海

东姑都阿拉曼公园和京那巴鲁山，一个是潜水的天堂，一个是动植物的乐园，山水相互偎依，恋人一般喜欢到这里演绎此生相守的缱绻。沙巴亚庇，一个最接近天堂的地方。

3、在马尼拉市中心闲适地啜饮咖啡

午后坐在马尼拉市中心广场上的有殖民地风格的小咖啡馆里，捧着一杯浓香的咖啡，透过落地玻璃窗，体味这个城市的慵懒和生机。

4、新加坡地铁新体验

新加坡地铁是世界上最现代化的地铁线，新开通的东北线更是颇具艺术特色，每个站台都有名师的设计。

5、新加坡血拼购物

到了新加坡的免税店和退税店，喜欢购物的女孩子们应该迈不动步了，乌节路购物区史格士路上有世界最大的旅游零售商 DFS 在亚洲开的最大旗舰店。一层的新加坡特色精品区，有微缩后的鱼尾狮、印度庙塔雕等新加坡元素背景墙，让人在购物的同时仿佛穿越了新加坡的历史隧道。

6、泰国时尚体验

沉醉在曼谷的活力、时尚、夜生活和购物之中。

7、泰国普吉岛、甲米岛潜水

提到潜水必想起泰国。普吉岛是传统的旅游胜地，旅游设施完善，旅游业发展完善；而甲米岛则相对较新，当初《海滩》的导演游历了世界各地著名海滩，最终才选择了那里，虽然电影失败了，但这片海滩却成功了。

8、柬埔寨吴哥窟艺术

柬埔寨吴哥美妙的寺庙群，丛林正在那里缓慢地、却又像施魔法般地吞噬着偏僻的历史遗迹。巴肯山上的日落，又在静静向我们诉说什么呢？

9、文莱帝国酒店

镀金雕花廊柱、波希米亚水晶吊灯、施华洛世奇水晶骆驼，世界仅有的顶级 6 星级酒店，体验国王一般的奢华与享受。

10、巴厘岛——浪漫出发地

新婚蜜月的圣地，在美丽而宁静的巴厘岛游泳、冲浪，亦或只是慵懒地晒晒太阳，也能嗅到爱情的甜蜜气息。

附表：东南亚自助游旅行用品检查表

行李	品名	检查	说明
	有效护照		护照有效期至少6个月已上，抵达旅馆后可以把护照锁在保险箱内，随身携带复印件即可。
	签证		确认所有旅游国家的有效签证，并须涵盖停留的时间。
随身行李（斜肩包）	护照签证复印件		备份文件与正本分开放置，可用数码相机拍照寄到自己的E-mail邮箱。
	机票		确定机票上的姓名及往返时间，记下当地航空公司联络资讯，以便更改行程或补发机票之用；复印备份。
	提款卡		确认开启海外提款功能及磁卡密码设定（4位）；至少携带2张卡；记住银行紧急联络电话（海外拨回国内加0086）；复印备份。
	信用卡		如果要预借现金，事先申请并携带密码出国；记下信用卡公司紧急联络电话；复印备份。
	旅行支票		携带购买合约背书及收据（与旅行支票分开放），并记下支票号码；复印备份。
	现金		换币时记得兑换小额钞票以方便使用；最好将钱分放在不同地方，但要记清放在哪里。
	旅馆名称、地址、电话 国际驾照、YH卡、国际学生证、国际青年卡		记在小纸条或者笔记本上，打计程车或者问路时可以使用。 出国前可以事先办理，从行前准备即可享受优惠价格。
	海外急难救助保险卡或保险单		先向保险公司询问海外急难救助方式。
	大头照		可以带2-3张在国外办理签证时使用。
	相机、DV机		数码相机，可多携带记忆卡或在当地照相馆刻成光碟。
	零钱包		小额钱放在这里，与大额钱币或信用卡、金融卡分开放，以分散风险。
	手机		出国前记得开通国际漫游功能。
	沐浴液、洗发水、浴帽、毛巾、牙刷、牙膏、拖鞋		东南亚某些国家的中低档酒店及青年旅馆不提供盥洗用品和拖鞋。长途乘车或者飞机，换拖鞋会减轻疲劳。

344

托运行李（后背包、旅行箱）	化妆品、防晒用品、保养品		依个人需要，适量。另外可以带些补水、晒后修复的面膜。
	吹风机、刮胡刀		注意电压
	洗衣粉		带小包装，自助洗衣可用，也可到当地购买。
	T恤、长袖、长裤、短裤、裙子、袜子		登山应准备防水衣裤。其他以吸汗透气的棉质衣物为佳。
	内衣裤		可以携带一次性的，用完即丢。
	防雨外套、丝巾/围巾、泳衣		去热带海岛国家观光旅游必备。
	生理用品、隐形眼镜药水		视个人需要，另外也可以去当地购买。
	鞋		一双平底透气的鞋，另外一双稍微正式时尚的，可以出席娱乐场所。
	帽子、太阳眼镜、雨伞、雨衣		东南亚必备。
	药品、泡腾片		防暑、治蚊虫叮咬、肠胃、腹泻等药品；处方药记得带处方。泡腾片随时补充维生素。
	笔、记事本		行程安排、邮寄、亲友通讯录。
	LP、地图、导游书		可以在当地购买旧书。
	正式衣服		出席高级场合。
	计算器		换算汇率，有些手机上也有此功能。
	转接插头和变压器		各国通用的万能插头，国内大超市有售。
	底片、传输线、电池、充电器、手电筒/头灯		底片在当地购买也可以，但需要找寻性价比较好的。
备注	1、所有证件都要复印或者用数码相机拍照备份，一份留给家人或寄到自己的电子邮箱。遗失时可以利用备份资料补办。 2、把信用卡、金融卡、旅行支票的海外紧急救援电话记到本子里，遗失时可以第一时间挂失。 3、瑞士军刀之类的危险品不可以随身带上飞机，另外所有液态物品必须密封才可以带上飞机，否则需要托运或者丢弃。		

亲爱的读者，感谢您购买正版《299美金飞遍东南亚》一书。如果您有意凭此书中所附的唯一序列号码参加由兆瑞环球网举办的"购书兑国际机票"活动，请您仔细阅读活动规则，按要求登陆 http://www.3000you.com 参加本活动。

兑换国际机票的流程

1. 在阅读并认可本活动规则的前提下，读者可凭《299美金飞遍东南亚》一书中所附的唯一序列号码，登陆兆瑞环球网（http://www.3000you.com）进行验证，并按网站相关指引正确输入乘机人的姓名、性别、护照号码等个人信息，验证注册成功之后，同意并遵守"兆瑞环球俱乐部"的相关规定，即可搜索相关国际机票的信息。

2. 当读者发现网站上有自己满意的可兑换的国际机票信息时，即可在兆瑞环球网的工作时间内，拨打电话0086-010-59603000进行预定。在兆瑞环球网工作人员的协助下，读者向有关航空公司支付本流程3所列的税费到航空公司账户后，即可兑换到单程国际机票一张。

3. 本活动中所有用于兑换的国际机票的税费部分（包括但不限于机场税、出入境税、燃油附加费和行李托运费等相关费用）须由读者或乘机人自行负担。

4. 国际机票出票时，乘机人即与该国际机票上列明的承运航空公司达成航空运输合同，乘机人的一切相关权利和义务的相对应方为该航空公司，国际机票具体的使用规则由该航空公司规定。出票后，有关国际机票更改姓名与航程、签转、退票、延期、机票遗失补发等相关手续均需乘机人与负责承运的航空公司直接联系，按该航空公司的相关规定办理。如乘机人需兆瑞环球网协助办理上述相关事宜，兆瑞环球网将收取一定费用。

5. 乘机人在登机、飞行及降落等过程中产生的，包括但不限于损害、受伤、死亡、或财产损失等所有相关事宜以及与此相关的索赔均应直接向承运的航空公司提出，按照航空公司的相关规定办理。

6. 读者可以亲自或委托他人兑换国际机票，也可以自由无偿转让序列号码由受让人兑换。若读者或受让人不具有完全民事行为能力，申请时必须由其监护人兑换或委托他人兑换。

7. 乘机人乘机时必须遵守所乘航空公司的规定及相关国家或地区的法律。如有违反，乘机人自行承担所有损失和责任。

8. 兑换儿童或婴儿国际机票的标准同成人标准一致。

9. "购书兑换国际机票活动"的截止日期为2009年12月31日，逾期序列号码作废。

10. 每本书中所列的唯一序列号码只能兑换一张国际机票。

名词定义

在使用条款中，若未另行注明，则下列名词的定义为：

【兆瑞环球网】 系"购书兑换国际机票活动"的主办方，负责本活动有关事宜，网址为 http://www.3000you.com。

【读　　者】 意指购买《299 美金飞遍东南亚》正版图书的读者。

【机　场　税】 意指世界各国机场收取的税费，具体的税项及金额各国并不相同。

【不 可 签 转】 意指出票后不能更改航空公司。

【不 可 改 期】 意指出票后不能更改国际机票上所列日期和时间。

【不 可 更 名】 意指出票后不能更改乘机人的姓名。

【不 可 退 票】 意指出票后不能退回所交全部款项，包括机场税等所有费用。

【国 际 机 票】 意指两个国家或者一个国家和一个地区之间或者一个地区和一个地区之间以及这些国家（不含中国）或地区内部之间的点到点单程实名制机票。

【出　　票】 意指读者或乘机人向兆瑞环球网确认航班信息，并支付相应税费到有关航空公司账户后，航空公司出具的国际机票。

免责条款

1. 兆瑞环球网保留随时修改或修订本活动规则之权利，保留取消或更换活动方案的权利，毋须事先通知。兆瑞环球网不就本活动规则修改或修订对任何人所引起的不便、费用、损失或损害承担任何责任。本活动以兆瑞环球网站上发布的规则为准，相关规则修订和变更的通知或声明将通过 http://www.3000you.com 发布，读者可登陆兆瑞环球网查阅。

2. 兆瑞环球网会尽合理的努力，确保读者能够兑换到国际机票。但是，国际机票是由兆瑞环球网的合作伙伴——相关航空公司提供的，这些合作伙伴并不受兆瑞环球网控制。因此，兆瑞环球网不承诺也不保证每日所公布的每班航班的机票数量，读者先兑先得。

3. 某些国家或地区现行法律或本活动实行过程中某些国家或地区颁布、修订的法律，可能会限制本活动的施行。为此，兆瑞环球网可能采取本活动规则变更、修订或其他措施，由此可能导致读者或乘机人的损失，兆瑞环球网恕不负责。

4. 乘机人需支付所有适用的税金、费用、税捐和（或）与发出或使用兑换机票相关的追加费用（包括关税、检查、安全、农业及离境费用），以及取得国际机票所需的必要文件，包括签证、疫苗注射证明和保险单据等。

5. 因为非主观原因，造成兆瑞环球网不能正常访问时，兆瑞环球网不承担任何责任。

6. 兆瑞环球网对本活动规则保留最终解释权。

法律顾问：　**高博隆华律师事务所**
　　　　　　　BEIJING GLOBE LAW FIRM

北京高博隆华律师事务所　李和平律师

用头脑去行走、用智慧去生活

——朱兆瑞全国百所高校公益演讲

北京市： 北京大学、中国人民大学、中国传媒大学、对外经济贸易大学、北京邮电学院、北京第二外国语学院

上海市： 复旦大学、同济大学、华东师范大学、上海外国语大学、上海财经大学、上海师范大学、上海实用技术学院

湖北省： 武汉大学、中南财经政法大学

福建省： 厦门大学、福州大学

江苏省： 南京师范大学、南京中医药大学、苏州大学、南通师范学院、徐州师范学院、扬州大学

浙江省： 浙江大学、杭州商学院、浙江师范大学、温州大学、宁波大学

广东省： 中山大学、深圳大学、广东商学院、暨南大学、广东外语外贸大学、佛山大学

贵州省： 贵州大学、贵州财经学院、遵义医学院

云南省： 昆明师范学院、昆明医学院

海南省： 海南大学

湖南省： 湖南大学、湖南师范大学、衡阳师范学院

重庆市： 重庆大学、四川外国语学院、西南师范大学、重庆工商大学

四川省： 四川大学、西南财经大学、四川师范大学、成都电子科技大学

安徽省： 中国科技大学、安徽大学

山东省： 山东外事翻译学院、山东经济学院、山东商学院、青岛理工大学、青岛科技大学

河南省：中州大学

天津市：南开大学

山西省：山西大学

陕西省：长安大学、西安外事学院、宝鸡文理学院

甘肃省：兰州大学、兰州商学院、甘肃政法大学

青海省：青海民族学院

新疆维吾尔自治区：新疆师范大学

吉林省：吉林大学珠海校区、东北师范大学、吉林大学、北华大学

辽宁省：东北大学、辽宁大学、沈阳师范大学、大连外国语学院、大
　　　　连海事大学、东北财经大学、辽宁师范大学

广西壮族自治区：广西师范大学、广西工学院

黑龙江：哈尔滨工业大学、齐齐哈尔大学

江西省：南昌航空工业学院

河北省：河北科技大学

内蒙古自治区：内蒙古工业大学

宁夏回族自治区：宁夏大学

（注：学校排名不分先后，截止到 2006 年 ）

图书在版编目（CIP）数据

299 美金飞遍东南亚/朱兆瑞著. – 北京：中华书局，
2008.9
（跟兆瑞行天下）
ISBN 978 – 7 – 101 – 06310 – 3

Ⅰ.2…　Ⅱ.朱…　Ⅲ.旅游 – 东南亚　Ⅳ.K933.09

中国版本图书馆 CIP 数据核字（2008）第 141117 号

书　　名	299 美金飞遍东南亚
著　　者	朱兆瑞
丛 书 名	跟兆瑞行天下
责任编辑	王　军
出版发行	中华书局
	北京市丰台区太平桥西里 38 号　100073
	http://www.zhbc.com.cn
	E – mail：zhbc@ zhbc.com.cn
印　　刷	北京瑞古冠中印刷厂
版　　次	2008 年 9 月北京第 1 版
	2008 年 9 月北京第 1 次印刷
规　　格	开本/880 × 1230 毫米　1/32
	印张 11⅛　插页 12　字数 260 千字
印　　数	1 – 100000 册
国际书号	ISBN 978 – 7 – 101 – 06310 – 3
定　　价	29.90 元